“十三五”国家重点出版物出版规划项目

中国史前遗址博物馆

ZHONGGUO SHIQIAN YIZHI BOWUGUAN YUANGUYUCUN HAOGANG JUAN

蚝岗卷

远古渔村

丛书主编　王仁湘　吴　健　张礼智

本册主编　吴孝斌

陕西新华出版传媒集团
陕西科学技术出版社
——西安——

图书在版编目（CIP）数据

远古渔村：蚝岗卷／吴孝斌主编．—西安：陕西科学技术出版社，2020.9（2021.1 重印）
（中国史前遗址博物馆）
ISBN 978-7-5369-7741-9

Ⅰ．①远… Ⅱ．①吴… Ⅲ．①新石器时代—文化遗址—研究—东莞 Ⅳ．①K878.04

中国版本图书馆 CIP 数据核字（2020）第 070344 号

中国史前遗址博物馆 远古渔村 蚝岗卷

吴孝斌 主编

出版人 崔 斌
策划编辑 李 栋
责任编辑 赵文欣
责任校对 赵爱玲
封面设计 曾 珂
监 制 张一骏

出版者 陕西新华出版传媒集团 陕西科学技术出版社
西安市曲江新区登高路 1388 号陕西新华出版传媒产业大厦 B 座
电话（029）81205187 传真（029）81205155 邮编 710061
http://www.snstp.com
发行者 陕西新华出版传媒集团 陕西科学技术出版社
电话（029）81205180 81206809
印 刷 陕西金和印务有限公司
规 格 889mm×1194mm 16 开
印 张 8.75
字 数 157 千
版 次 2020 年 9 月第 1 版
印 次 2021 年 1 月第 2 次印刷
书 号 ISBN 978-7-5369-7741-9
定 价 128.00 元

序

文物是人类在历史发展过程中遗留下来的遗物、遗迹。它是人类宝贵的历史文化遗产，是反映各个历史时期、不同地域人们的生产和生活，包括衣食住行、婚丧嫁娶、祈福祭祀、与外界的互动，乃至内心活动等物质和精神生活的表现，在制造和使用的当时起着活生生的作用，但是一旦埋入地下便成了一件件死物。在地下沉寂若干岁月后，这些文物一旦被人们发现，再经考古工作者发掘、整理和研究，便立刻恢复生机，生动地展现其活生生的一面，帮助人们了解其被制造和使用的情况、当时的社会和自然环境，以及人们的社会生活、日常起居等方方面面的鲜活细节。将若干有联系的遗址的文物联系起来，就能复原各种文化现象的起源、发展、变化、转型、交流乃至消亡的过程和其中的历史规律。文物便发扬出“人气”，起到了“由物到人”的作用。但是，此时文物的作用范围还局限于学术圈内，影响有限。

文物一旦作为展品通过博物馆进入观众的视野，其影响面便得以扩大，通过说明词和讲解员的生动讲述，一件件文物所体现的历史内涵组成一幅幅生动的历史画面，增长观众的知识，启迪有心人的思想，对他们为人处世的态度和原则，乃至人生观和世界观的形成就会起到或大或小的作用，此时的文物更显得生机盎然，其对现实社会的重要性更加得以凸显。

现今，我国大多数人们生活小康乃至富裕，有条件参观许多博物馆，但是毕竟很难在短时间内遍历众多遗址。中国博物馆协会史前遗址博物馆专业委员会组织编写的《中国史前遗址博物馆》丛书，汇集了全国诸多重要史前遗址博物馆丰富的馆藏资料，用通俗易懂的文字，将各遗址的发现、发掘过程，各博物馆的历史沿革和发展历程娓娓道来，还将各遗址的遗迹和出土文物以及其他展品以图文并茂的方式生动地还原出来，以展现我国先民的物质生活和精神生活，引领读者走进尘封已久的岁月，感受我中华文化的深厚。

值此丛书即将付梓之时，西安半坡博物馆张礼智馆长嘱我为之作序。我虽俗务缠身，不能遍读样稿，但希望、也相信本丛书能帮助众多文物为更广大的人民大众展现它们的活力，有益于提高人民大众的家国情怀、文化自信，使其建立唯物主义的历史观和世界观，故勉力作序如上，供读者参考。

中国科学院院士　吴新智

2018年1月3日

陪你穿越到史前

人类的历史，可以分作史前史和文明史两个阶段。文明史并不难理解，它是人类有确切记载的历史。很多人也许并不很了解史前史的概念，史前的要义是指文明史之前的人类历史，是没有记载的远古历史，从人类诞生起，到有记述的历史止，便是史前史。

曾经有人将地球的 45 亿年的历史压缩成 1 天，计算出晚上 11 点时，恐龙慢悠悠地登上舞台，支配世界也只有半个多小时。午夜前 20 分钟，哺乳动物的时代开启，人类在午夜前 1 分钟出现，而文明史不过是几秒钟的时长而已。我们要说的史前史，也就是那么 1 分钟。

文明起源在时间上最早不过 8000 年前，这只占人类史的 1%都不到，如果将人类起源后的 300 万年全史压缩成 1 天，也就差不多是 2 分多钟。而且，关于人类起源的历史上限还在往前提，这个 2 分多钟的文明史基本可以忽略不计。那么，整个 300 多万年甚至更长的史前史，经历了一个怎样的发展过程呢？

这个过程经历了——

人类诞生与进化，从猿到人，经历猿人类、原始人类、智人类、现代人类 4 个进化阶段。

人类社会产生与发展，由婚姻组成家庭，由氏族社会进入等级社会。

人类发明了用火和造火技术，由吃生食转变到吃熟食。

逐渐掌握制作工具技术，经历了旧石器时代和新石器时代。

发明农业种植和家畜饲养业，从采集游猎经济转入农业和畜牧经济。

发明建筑技术，由自然洞穴居所进入人工建筑居所，由时常迁徙进入定居生活。

因血缘氏族形成聚落，又因部落联盟筑城而居。城邑居民因生业出现分工，因贫富形成等级，因社会复杂化导致邦国建立，千城星罗，万邦林立。

逐渐形成埋葬死者的墓葬制度，信仰祖先神崇拜，这是史前造神运动的开始。

发明制陶技术，提升了烹调水准。发明煮盐，有了基本的调味品，促进了体格健康。发明酿酒技术，主要用于祭祀仪式。

艺术由萌芽到发展，刻画和雕塑艺术渐趋成熟，彩陶奠定了史前至历史时期的艺术传统，这是由造神运动掀起的艺术浪潮。

琢玉由装饰器转向礼器制作，将造神运动推向又一个高潮，这是东方独有的文化传统。

中心城邑出现，宏大的治水工程见诸实施，建构起初级国家管理机构。

最后，人类终于走出混沌，文明诞生，王权与神权结合，国家出现。

我们所知的中国史前时代，也许只是大略知道旧石器时代和新石器时代，不知道还有这样丰富的内容，不知道还有如此久远的历史。

如此久远的年代，我们如何了解它？

古代的先贤，也曾考究过这古老而漫长的时代，并留下了一些神话与传说，三皇，五帝，便是那个传说时代的主人。对于史前更多的细节，那时代真实的面貌，他们不可能有真切的了解。

我们当然不能总是陶醉在传说时代，内心希望有真凭实据来说话。

现在我们不必着急了，有考古学家做向导，他们可以带我们穿越到史前。我们可以直接进入智人居住过的洞穴，可以直接进入新石器时代居民的废墟，可以发现史前真实存在过的许多场景与细节。

虽然年代如此久远，但那也是一个看得见摸得着的时代。考古学家通过考古发掘，发现了一个个史前遗址，那是史前先民生活过的地方。这遗址上保存着先民的创造，石器陶器依然那样精致。大大小小的茅屋，深深浅浅的火塘，似乎还有袅袅飘起的炊烟。排列整齐的墓穴，各种各样的随葬品，似乎隆重的葬仪刚刚结束。在遗址里我们可以发现史前人的所作所为、所思所想，甚至还可以从他们留下来的艺术品中，揣摩先祖们当初的情怀与梦想，还有对宇宙的观察与理解。

考古学家将丰富的史前文化遗存揭示出来，将一些重要的遗址保护起来，兴建遗址博物馆向公众展示这些发现，兴建遗址公园供公众访古游览。在中国，目前这样的博物馆已经建起20多座，数量还在逐年增加。

这些史前遗址博物馆各有特色，有旧石器和新石器的时代区别，也有南北地域的不同。有的是城址，有的是大型居址，也有的是墓地。在建设遗址博物馆的同时，有的还建成了国家考古遗址公园。

例如属于旧石器时代及古人类遗址的博物馆，有北京周口店北京人遗址博物馆、南京直立人遗址博物馆，还有柳州白莲洞洞穴科学博物馆。

属于新石器时代仰韶文化的博物馆，有陕西西安半坡博物馆、宝鸡北首岭博物馆、河南渑池仰韶文化博物馆和郑州大河村遗址博物馆。

东北区域有辽宁沈阳新乐遗址博物馆、阜新市查海遗址博物馆、凌源牛河梁红山文化遗址博物馆、内蒙古敖汉旗红山文化博物馆。

各地属于新石器早中期的遗址博物馆有广西桂林甑皮岩遗址博物馆、浙江萧山跨湖桥遗址博物馆、余姚市河姆渡遗址博物馆和甘肃秦安大地湾遗址博物馆。

属于新石器时代晚期的遗址博物馆有杭州良渚博物院、济南城子崖遗址博物馆、青海乐都柳湾彩陶博物馆、民和喇家遗址博物馆和福建昙石山遗址博物馆。

这样多的史前遗址，这样多的遗址博物馆与遗址公园，对于大多数人来说，都走上一遍是不太可能的。但是，我们现在有了这样一套《中国史前遗址博物馆》丛书，便可以弥补这个缺憾：你暂时走不到的博物馆，在丛书中可以读到；你也可以先由丛书寻找出你感兴趣的博物馆，有目标、有选择地去参观游览。

这套丛书的编写和出版，充分考虑到读者的需求，资料科学可靠，文字比较平实，印制也很精美。这套丛书，一册就是一位导游，也是极好的导览。或者可以说，这套丛书就是一张张请柬，就是一个个约定，邀你一起穿越到久远的史前，去探访先人居住过的地方，去历史长河的源头观赏一道道神秘的风景。

每走进一座史前遗址博物馆，相信你都会有不一样的收获。每一座博物馆，都有不一样的风景。当你从一座座史前遗址博物馆出来时，一定会对过去了然于胸，对现在信心倍增，对未来有更多期待。

就这样约定了，让我们一起走进史前遗址博物馆，去见识那久远的岁月，去会一会史前先民。

中国社会科学院考古研究所研究员　王仁湘

2018 年春节于北京

远古渔村·蚝岗

东莞是岭南文明的重要起源地，已发现古遗址20多处，已考古发掘的有9处，年代跨越从距今5000多年至2500年，构建了东江流域完整的史前文化序列，而距今5000多年的蚝岗贝丘遗址正是东江史前文化的典型代表，它是广东目前发现年代最早的人类聚落遗存，被考古学家麦英豪誉为“珠三角第一村”和“东莞历史文化的基石”。2013年5月，蚝岗贝丘遗址被公布为全国重点文物保护单位。

东莞蚝岗遗址博物馆于2007年6月建成并免费对外开放，它是广东省第一座建于原址之上的贝丘遗址博物馆，也是全省首座在城市中心区建成的史前遗址博物馆。博物馆由岭南建筑大师莫伯治先生设计，国学大师饶宗颐先生为博物馆题写了馆名。博物馆占地面积4700多平方米，涵盖了整个遗址范围。

2003年，遗址所在区域曾经被规划为房地产开发项目，随着遗址的发现和重要遗物的出土，东莞市政府马上终止了即将动工的房地产开发项目，在原址上兴建博物馆，对遗址进行永久保护。蚝岗遗址博物馆的建成，充分展示了东莞在保护历史文化遗产方面所做的努力，是文物保护与城市建设协调发展的一个成功典范。

让我们一起通过“蚝门”，进入时光隧道，了解5000多年前蚝岗人的衣食住行，感受蚝岗人的勤劳朴实吧。

东莞蚝岗遗址博物馆

目　　录

contents

第四章 走向明天

第一章 走进蚝岗

东莞蚝岗遗址博物馆是广东省第一座史前遗址博物馆。5000多年前，蚝岗先民就在这片热土上劳作生息，世代繁衍。如今，在繁华喧嚣的闹市中，在奔流不息的东江边，『珠三角第一村』绵延传递着5000年的历史信息，人们从这里探寻珠江流域史前文化的答案。

“珠三角第一村”

蚝岗贝丘遗址是广东省保存较好的一处新石器时代晚期遗址，也是广东省出土彩陶年代最早的贝丘遗址。遗址无论从年代的久远、保存的完好性、遗迹遗物的丰富性都堪称“珠三角第一村”。蚝岗贝丘遗址的发现，对追溯岭南文化的渊源有着非常重大的意义，这里记述了五六千年前珠三角地区先民的生活状态。

贝丘遗址

贝丘遗址，顾名思义就是以较厚的贝壳（螺壳）堆积为主要特征的人类生活遗址。这类遗址大都属于新石器时代，有的则延续到青铜时代或更晚，它们多位于海、湖泊或河流沿岸，在世界各地都有广泛分布。贝丘遗址作为一种特殊的堆积形式，堆积速度快，短期内可以形成较厚的堆积，放大了人类活动与遗址堆积形成之间的关系。通过贝丘遗址里出土的丰富遗存，可以让人们了解先民们的生存适应策略，同时从地层学、埋藏学角度丰富了人们对贝丘遗址文化层及活动面形成的认识。

地理位置

东莞市位于广东省中南部，珠江口东岸，东江下游的珠江三角洲。蚝岗遗址所在的东莞市南城区位于东莞市区南部，南城区的地势是北低南高，东南部多山岭，峰峦起伏，地势较高，属丘陵地带，地面海拔在 130 ～ 150 米之间；西北部是冲积平原，属东江南支流水域地带，河流纵横，地势较低。

蚝岗贝丘遗址是一处高出周围地面 10 米、面积 1 万多平方米的小岗丘，西距东江支流约 2000 米，现存面积 600 多平方米，大致由东北向西南逐渐倾斜。该山岗是东莞的地标性地点，历代东莞志书的记载中，多标出此岗的位置。珠江三角洲是近 6000 年以来由珠江夹

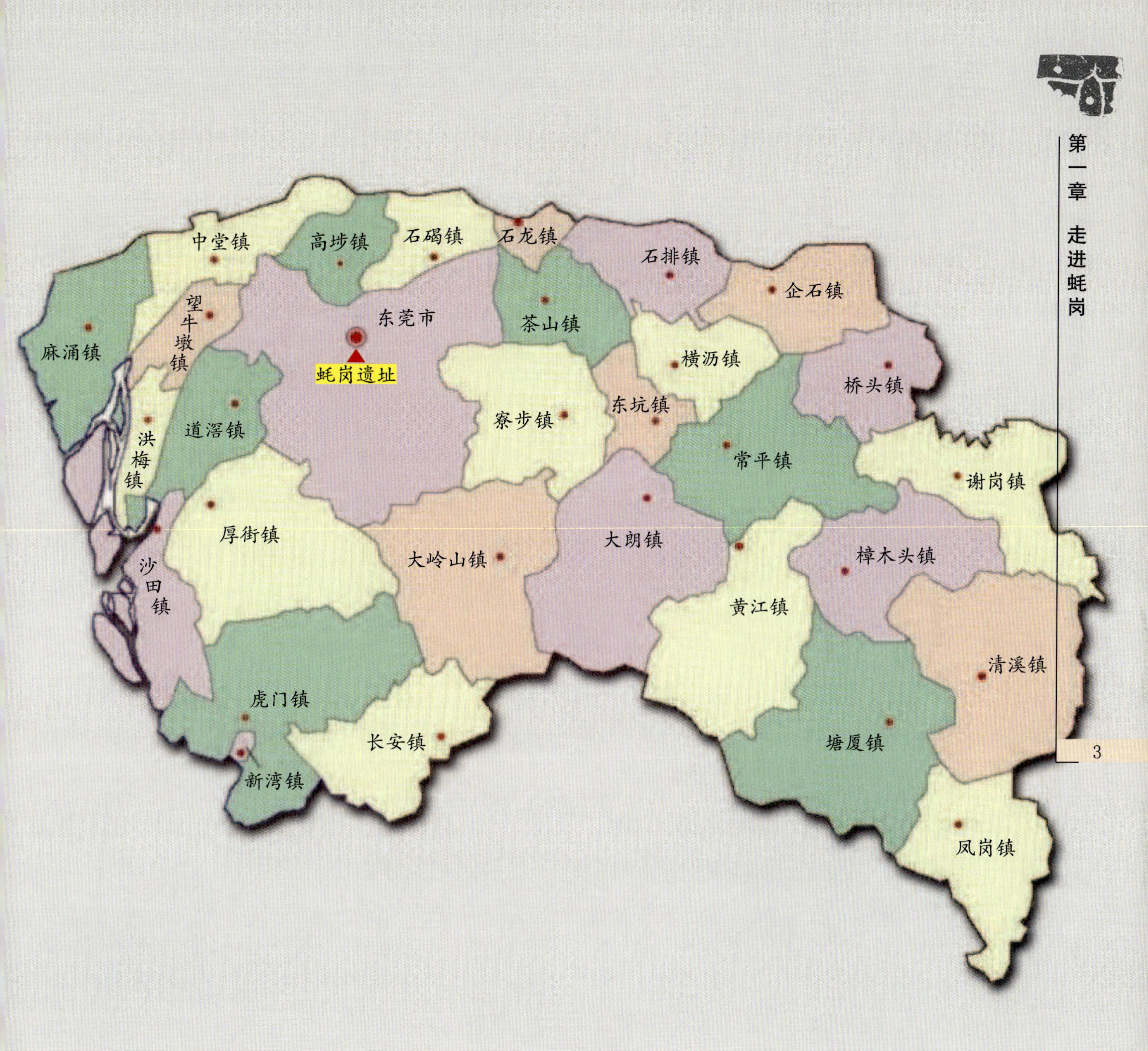

东莞市城区地图

带的泥沙淤积而成的，直至清初，蚝岗周围尚未完全淤积成陆地。几十年前，蚝岗还是田野中的一处低岗，农民在此进行耕种或放牛。从20世纪80年代开始，随着城乡建设的不断发展，蚝岗逐渐成为城市中心区，建筑物较为密集。

20世纪50年代，这里的村民曾将岗丘上的蚝壳挖去大部，也曾将岗丘当作晒谷场，却不曾想到这里竟然隐藏着一个古老的秘密。

现存的贝丘遗址位于东莞市南城区胜和社区蚝岗村大园坊，在遗址断面上可以看到叠压着大量的蚝壳堆积，厚的地方有 2 ～ 3 米。台地周边居民楼紧贴，都是四五层的楼房。早些年间，东莞蚝岗曾经是连片的蚝壳地，在岗丘的东部和南部断面上暴露出许多含有陶片、鱼骨的贝壳堆积。20 世纪 80 年代，考古学家对这里进行了实地考察和发掘，根据发掘情况，确定这里属于新石器时代晚期的贝丘遗址，距今已经 5000 多年。在市区中心发现如此完整的新石器时代遗址，在全国也较为罕见。

蚝岗贝丘遗址是广东省目前发现的年代最早的人类聚落遗存，遗址所发现的要素齐全，有房址、墓葬、活动广场、垃圾场，可断定这是一处史前人类居住地，被命名为“蚝岗遗址”，考古学家麦英豪将其誉为“珠三角第一村”。

蚝岗遗址发掘时外景

自然和人文环境

东莞市属热带和亚热带季风气候区，濒临南海，海洋和大陆均对这里的气候有非常明显的影响。东莞长夏无冬，日照充足，雨量充沛，温差振幅小，季风明显，盛行东风，东北风次之。

东莞气候温和多雨，年平均气温 22.1℃，年平均降水量 1777.7 毫米，最多 2394.9 毫米，最少 972.2 毫米。暴雨是东莞经常发生的灾害性天气，每年都会有七八场暴雨，24 小时降水量最大可达到 545.4 毫米；台风也是东莞主要的灾害性天气之一，年平均有两三个台风，瞬间风速最大 12 级（35 米 / 秒）。

东莞市位于广东省中南部，珠江口东岸，穗深港经济走廊中段，西、北靠广州，南连深圳，东邻惠州。东莞历史悠久，文化底蕴深厚，这里有 5000 多年文明史、近 1700 年建县史。早在新石器时代，人类已在这块土地上居住生活，在这里发现了迄今为止珠江三角洲地区最早的史前人类聚落遗存，是岭南文明的重要起源地。东莞管辖地域广阔，又是岭南海防重镇和海盐生产中心，商贸发达，文化兴盛，不断丰富和发展岭南文化的内涵，成为岭南文明的重要发展地。

秦汉以来，东莞借助毗邻广州、扼守珠江出海口的地理区位优势，成为海上丝绸之路航道上的重要节点。东晋咸和六年（331）立县，初名宝安，唐至德二年（757）因其地处广州之东，境内盛产莞草而更名为东莞。

东江是珠江水系的三大干流之一，发源于江西省寻乌县桠髻钵山，经东莞境段全长 40 余千米。在距今 5000 多年的新石器时代中晚期，东莞东江沿岸岗地就有人类居住、繁衍，创造了东江史前文化。据考古调查，东莞东江沿岸至今仍分布有古遗址 20 多处，其中对南城蚝岗、企石万福庵、石排龙眼岗、虎门村头等 9 处进行了考古发掘，年代跨越从距今 5000 多年至 2500 年，构建了广东东江流域完整的史前文化序列，对研究岭南史前文明起源具有不可替代的重要作用。

蚝岗贝丘

蚝岗贝丘遗址的发现和发掘为研究珠江三角洲史前人类体质提供了重要资料。遗址的时代比较单纯，主要是新石器晚期的遗存，文化堆积自东北向西南倾斜，共分为6层，绝对年代在距今5000多年至4500年。

遗址的发掘过程

蚝岗遗址是由古人食弃的蚝壳堆积而成，该遗址于20世纪80年代广东省文物普查时被发现。

1990年11月，广东省考古研究所和东莞市博物馆联合对遗址进行调查，确认其为一处新石器晚期贝丘遗址。

蚝岗遗址发掘前的外景

1997 年 6 月，中国社会科学院考古研究所和广东省文物考古研究所，从环境考古学和动物考古学的角度对遗址又进行了一次调查，并以珠江三角洲史前遗址调查组的名义，发表了《珠江三角洲史前遗址调查》，在文中再次对蚝岗的情况做了概要描述。

2003 年 4 ～ 7 月，广东省文物考古研究所和东莞市博物馆联合组成东莞南城蚝岗贝丘遗址发掘队，对该遗址进行了考古钻探和发掘。基于对遗址的保护和今后进一步进行科学研究工作的考虑，只发掘了 272 平方米。

2003 年考古发掘情景

地层堆积及形成年代

蚝岗遗址文化堆积丰富，在珠江三角洲同时期遗址中是少有的，它的意义不只限于蚝岗遗址本身，而且对整个珠江三角洲的史前考古都具有重要的参考价值和对比意义。

考古研究所的专家们对遗址进行了详尽的勘探和试掘。该遗址发现有红烧土活动面、房基、柱洞、灰坑、排水沟和墓葬等重要遗迹，出土了一批石器、骨器和蚌器，以及大量的绳纹陶和彩陶残片。尤为可贵的是，在遗址新石器文化层中出土了两具史前人类遗骸，其中 1 具保存完整，经测定为距今 5000 多年的中年男性。

蚝壳堆积情况

考古学家将发掘工作分两个区进行，西部为 A 区，布 5 米 ×5 米探方 8 个，以南部自来水管阀门为基点，统一编号，分别为 T0304、T0305、T0306、T0307、T0404、T0405、T0406 和 T0407。因受场地限制，其中，T0307 和 T0407 只发掘了 2 米 ×5 米和 2.4 米 ×5 米。B 区仍以水管阀门为基点，布 5 米 ×5 米探方 4 个，分别编号为 T0806、T0807、T0808 和 T0906。A、B 两区揭露面积共 272 平方米。其中 B 区的探方全部发掘到生土；A 区探方因要将已发现的遗迹留给将来供展示用，只有 T0306、T0307、T0406 和 T0407 共 72 平方米发掘到底。发掘结果证明，在 A 区发掘出新石器时代文化遗存，B 区没有发现新石器时代文化堆积，只见宋代灰坑和近现代房基。

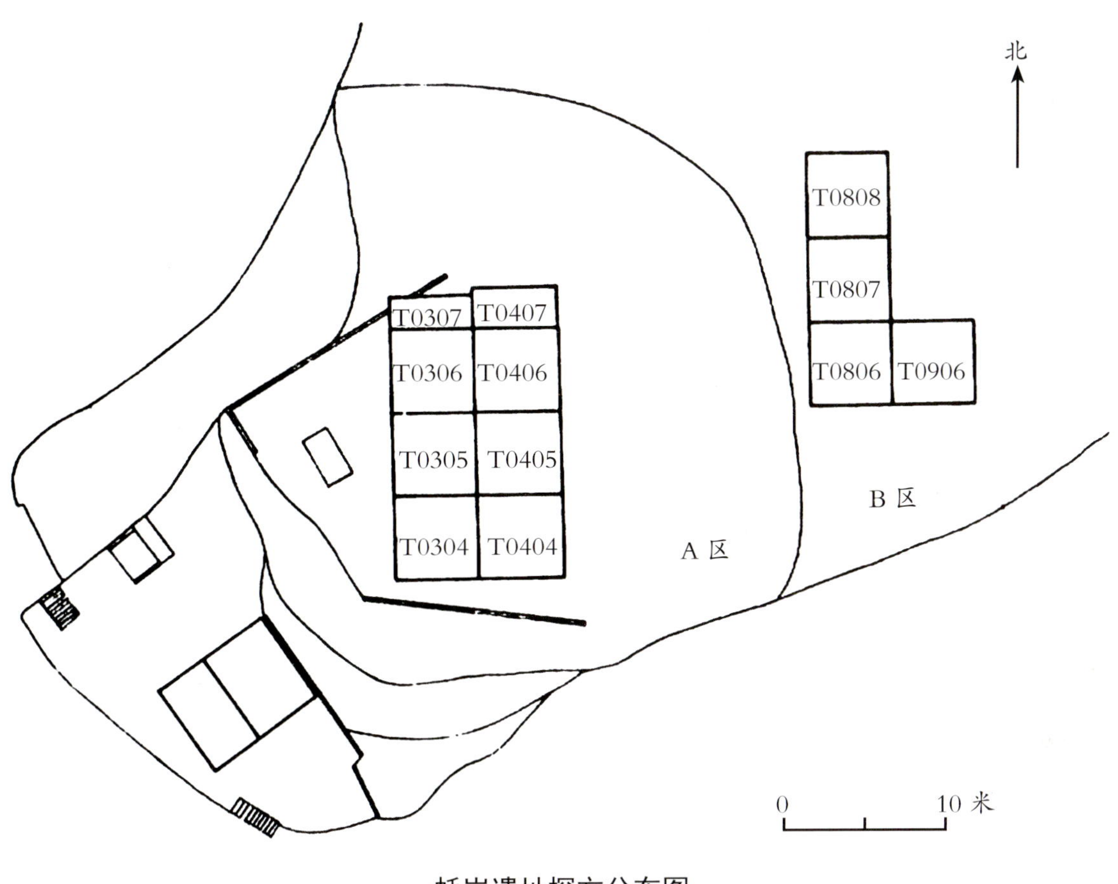

蚝岗遗址探方分布图

发掘中的 B 区探方

文化堆积层次分明的蚝岗遗址 0407 号探方（T0407）西壁剖面

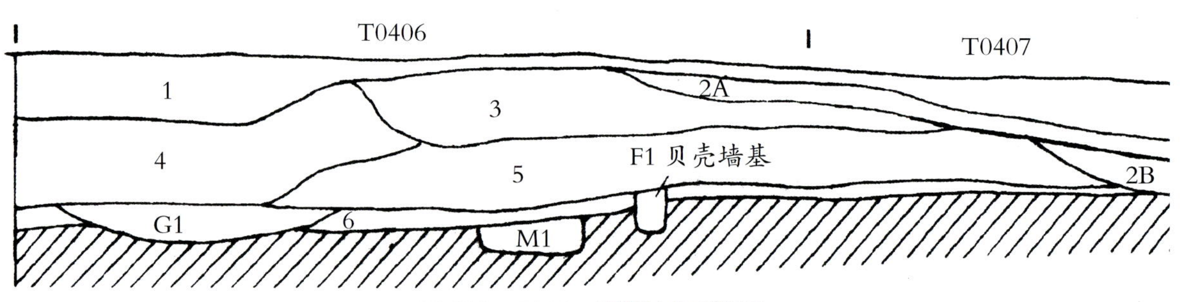

T0406、T0407 西壁剖面线图

A 区的文化堆积自东北向西南倾斜，共分为 6 层，其中第 2 ～第 6 层为新石器时代文化层，最厚处（南部）约 2 米。第 3、第 4、第 5 这 3 层为贝壳层，第 2 层为夹少量贝末的灰褐或红褐色亚黏土层，第 6 层为褐色亚黏土层。文化堆积层次比较分明。

下面以 T0406 及 T0407 西壁剖面为例，说明文化堆积情况。

第 1 层：褐色扰乱层。厚 5 ～ 45 厘米，上面覆盖一层水泥面，下面为褐色土和碎贝壳，较疏松。含较少被扰上来的新石器时期陶片、石器和现代砖瓦片等。

第 2 层：分两个亚层。第 2A 层为灰褐色亚黏土，深 5 ～ 45 厘米 ，厚 0 ～ 15 厘米，较为黏结，夹少量碎贝壳，只分布于 T0407，含一定数量的夹砂陶片、少量的石器等。第 2B 层为红褐色亚黏土，深 35 ～ 50 厘米，厚 0 ～ 20 厘米，黏结，夹少量贝壳和红砂粒，发现较多灰、红色夹砂陶片和少量石器。

第 3 层：褐色贝壳层。密实，贝壳多完整，贝壳与贝壳之间为褐色贝壳碎与少量褐色泥土混杂物。深 5 ～ 25 厘米 ，厚 0 ～ 50 厘米。贝壳密集，种类几乎都是蚝，另有极少量的毛蚶或泥蚶，杂少量泥土，含少量夹砂绳纹陶，尖状器、网坠等石器。

第 4 层：黑灰色贝壳层。间杂少量黑灰色碳泥。贝壳多碎成屑状，黑色，松散。深 15 ～ 50 厘米，厚 0 ～ 45 厘米。含夹砂褐陶、泥质灰黑陶和石器等。陶器器型与第 3 层无明显区别。

第 5 层：褐红色贝壳层。间杂少量褐红色黏土。贝壳个体较大，其最大者长达 25 厘米，贝壳之间充填黏土，结合紧密并夹较多的鱼骨。深 30 ～ 100 厘米，厚 0 ～ 45 厘米。含彩陶、夹砂绳纹陶、石器等。

第 6 层：褐红色亚黏土，交结紧密，结实，杂有极少量蚝壳及碎末。深 65 ～ 95 厘米，厚 10 ～ 15 厘米。含绳纹、贝划纹陶片、彩陶和石器等。

第 6 层以下为风化紫砂岩 。

文化堆积的层位信息在考古年代学上具有重要意义，因此，说一个遗址发掘的收获，其文化堆积方面是重要的内容。

根据发掘的各层位出土遗物的特征，可以将蚝岗遗址分为三期文化。

第一期：开口在最早的地层第 6 层下的灰坑和墓葬，年代距今 6000 ～ 5500 年。

第二期：包括第 5、第 6 两个文化层及开口在第 5 层下的沟和房子，距今 5500 ～ 5000 年。

第三期：包括第 2、第 3、第 4 和位于第 2 层下的 H5（第 5 号灰坑）和第 3 层下的红烧土面等，距今 5000 ～ 4500 年。

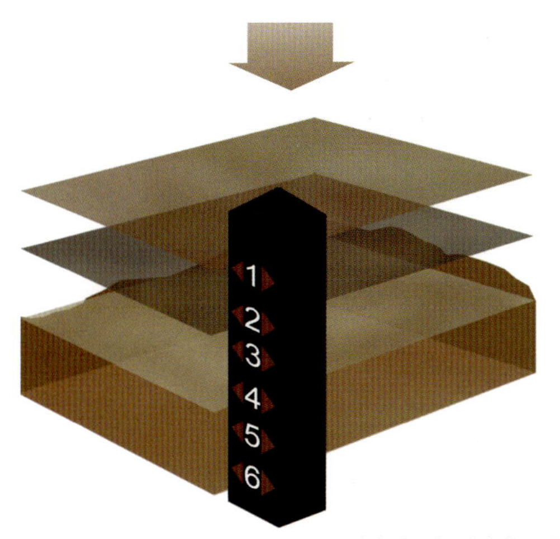

1. 现代扰乱层
2. 含少量贝屑的灰褐色或红褐色亚黏土层
3. 褐色贝壳层
4. 黑灰色贝壳层
5. 褐红色贝壳层
6. 褐红色亚黏土层

蚝岗遗址新石器文化层示意图

研究价值

蚝岗遗址对于研究珠江三角洲彩陶文化具有重要价值。广东省目前发现贝丘遗址几十处，其中出彩陶的只有高要蚬壳洲、增城金兰寺、东莞万福庵和蚝岗，而金兰寺和万福庵都已被破坏殆尽。蚝岗遗址作为广东省出土彩陶，且保存较好、年代较早的贝丘遗址之一，其出土遗物丰富，保留有灰坑、房屋柱洞、墙基槽、排水沟等遗迹，对于研究广东特别是珠江三角洲地区彩陶文化的发展具有重要价值。

首先，蚝岗遗址的发现，填补了珠江三角洲彩陶遗存距今 5000 ～ 4500 年间年代序列的缺环。考古学界一般认为，珠江三角洲彩陶遗存的年代在距今 6000 ～ 5000 年前，而蚝岗遗址二期的年代为距今 5000 年前，三期介于深圳咸头岭遗址和珠海宝镜湾遗址之间，填补了距今 5000 ～ 4500 年间年代序列的缺环。

其次，蚝岗遗址是判定广东省同类遗存年代关系的重要标尺。蚝岗遗址的新石器时代地层大部分保存较好，特别是出土彩陶的地层完好无损，在广东省内罕见。遗址地层的文化堆积层位关系清楚，对于判定珠江三角洲乃至华南地区同类遗址的年代关系，提供了可信的相对年代。

再次，蚝岗遗址出土的史前人类遗骸是研究华南地区人类体质发展的重要实物。遗址出土了两具新石器时代晚期的人类遗骸，保存十分完好，甚至牙齿齐全，在珠江三角洲地区极为罕见，为研究该地区史前人类体质提供了重要的实物资料。

最后，蚝岗遗址是研究史前采集渔猎经济的典型遗存。蚝岗遗址所在区域处于珠江三大支流之一的东江之滨，直至清代早期还处于海岸线边缘。遗址出土了众多的蚝壳、鱼骨等食物遗存，以及尖状器、砸击器、石拍、网坠、石锛、石斧、石锤等生产、生活工具，为研究南方滨海地区史前采集渔猎经济提供了重要的实物资料。

第二章 文化遗存

蚝岗遗址发掘的面积虽然不大，但分为三期的文化层却出土了石拍、白陶、彩陶、磨光灰黑陶、尖状器、石锛、石斧、网坠等许多文化遗存。这些丰富多彩的文化遗存，为我们诉说着5000多年前先民们生活在这片乐土上的惬意与宁静。

第一期文化遗存

第一期文化遗存距今 6000 ~ 5500 年，遗迹有灰坑 3 个、墓葬两座。第一期文化最大的特点是出土了器表刻画、压印浅浮雕图案的白陶圈足盘，这是第一期文化所特有的。其次是出土的浅褐色素面夹砂陶，陶罐方唇卷沿，沿面较宽，沿较薄，明显区别于以后各期的夹砂陶。器类简单，只有陶圈足盘和陶罐。

遗迹

灰坑

第一期文化遗存有 H8、H9、H10 共 3 个灰坑，其中 H10 只作了解剖，未完全清理。

H8 坑口近似椭圆形，壁直微弧，底平。坑口长径 142 厘米，短径 124 厘米；底长径 120 厘米，短径 104 厘米；深 55 厘米。坑内填灰褐色沙质土，松软，含少量陶片，包括夹砂褐陶、泥质白陶等。出土器物种类有陶罐、石磨盘等。

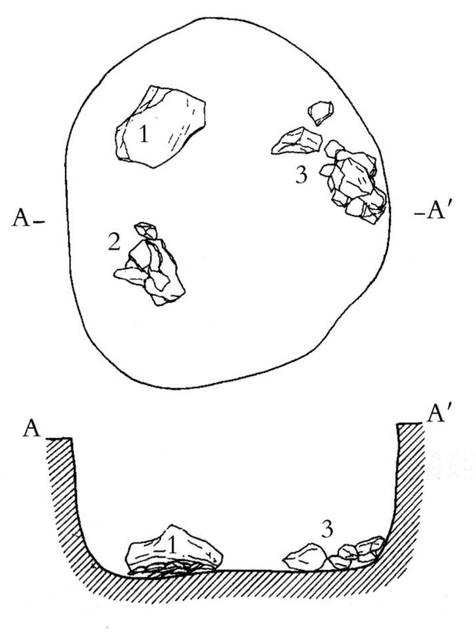

H8 灰坑平、剖面线图

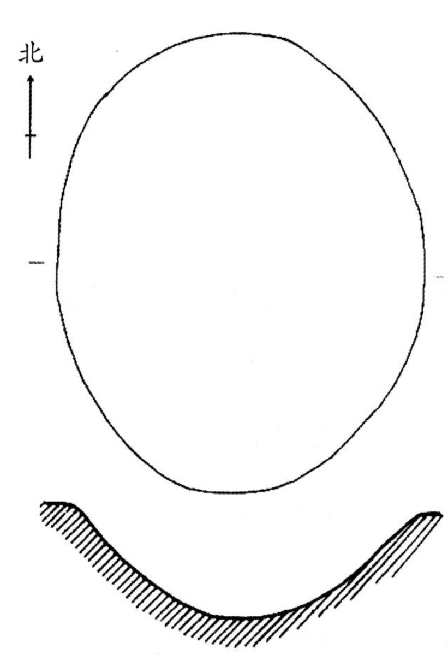

H9 灰坑平、剖面线图

H9 的坑口是椭圆形，长径 160 厘米，短径 150 厘米，斜壁圜底如锅状，深 42 厘米。填土分两层：上层厚 15 厘米，为褐红色土，夹少许贝壳；下层厚 30 厘米，为红褐色黏土，较为紧密。该坑纯净无遗物。

H9 灰坑及柱洞

墓葬

第一期文化遗存共发现墓葬两座。

M1 墓葬为方形土坑竖穴。长 2.1 米，宽 0.5 米，深 0.2 米，距现代地表约 1.2 米。无随葬品。填土为褐红色亚黏土，较黏结、纯净。骨骸保存较好，经鉴定墓主为男性，年龄为 40 ～ 45 岁，身高约 166 厘米。

M2 墓葬与 M1 墓葬相距 60 厘米，无随葬品。骨骸保存较差，不具备进行性别、年龄鉴定的条件。

这两座墓葬引起了考古人员的极大兴趣，由于两墓几乎是并排分布的，因此推测两位墓主有可能是夫妻关系。

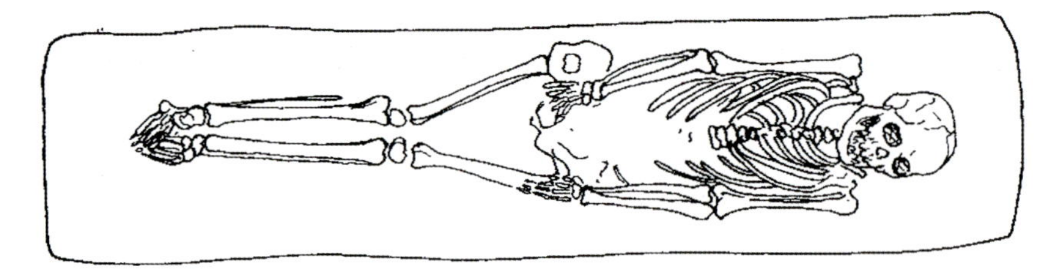

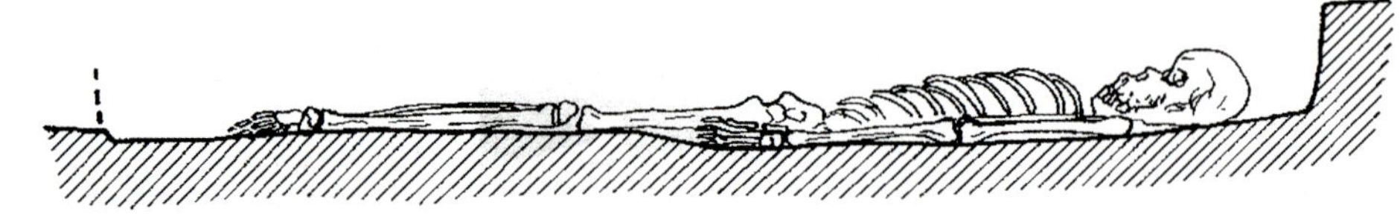

第一期文化遗存墓葬 M1 平、剖面线图

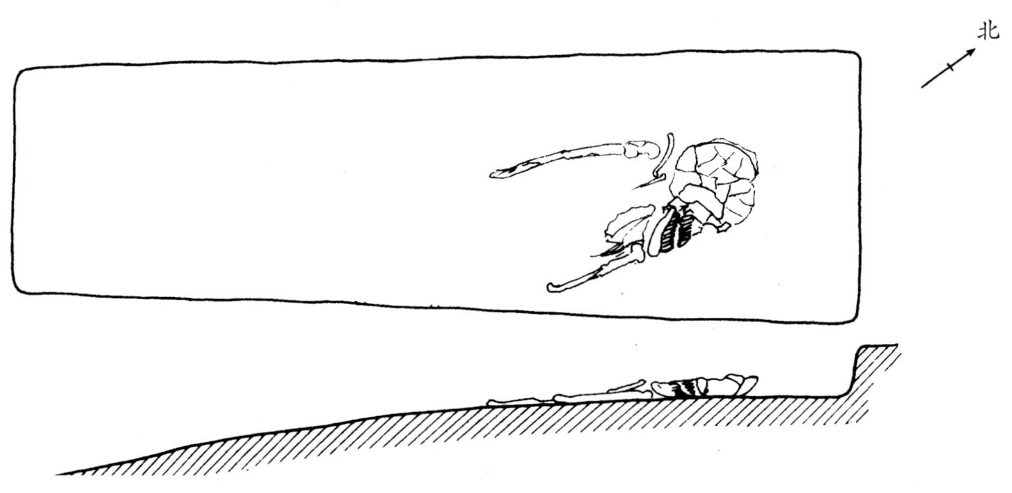

第一期文化遗存墓葬 M2 平、剖面线图

遗物

陶器

第一期文化遗存发现的遗物主要是陶圈足盘。表面都刻画、压印图案或镂孔，造成浮雕效果，类似环珠江口其他遗址所见的白陶。但在压印纹饰的沟槽中尚保留赭红彩，推测最初其表面也有彩，只是后来脱落了，露出白胎，变成了白陶。此外，也有数量较少的素面夹砂陶罐和绳纹陶器。

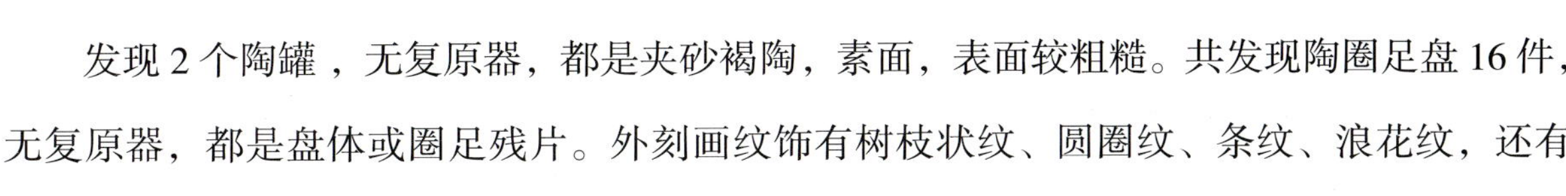

发现 2 个陶罐，无复原器，都是夹砂褐陶，素面，表面较粗糙。共发现陶圈足盘 16 件，无复原器，都是盘体或圈足残片。外刻画纹饰有树枝状纹、圆圈纹、条纹、浪花纹，还有镂孔或压印浅浮雕式纹饰。

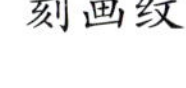

刻画纹

刻画弦纹、篦点纹组合

绳纹

刻画纹、镂孔组合

弦纹、圈点纹组合

蚝岗第一期文化遗存陶器纹饰拓片

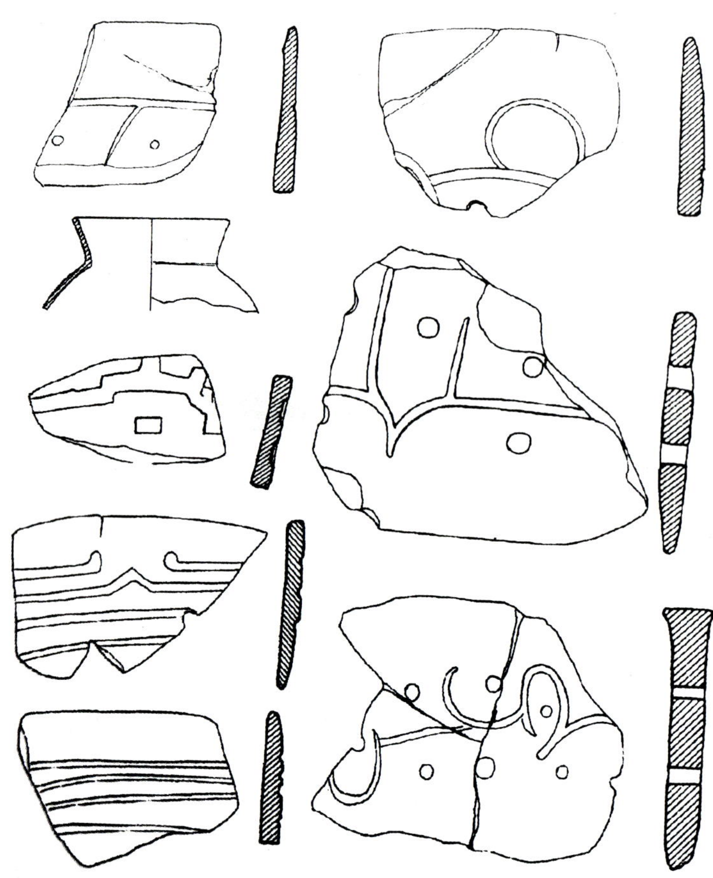

蚝岗第一期文化遗存陶器残片线图

蚝岗第一期文化遗存陶器残片

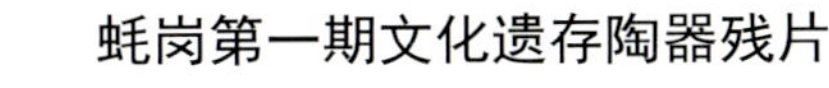

蚝岗第一期文化遗存陶器残片

橙红陶，为圈足部位残片，上有小圆形镂孔和刻画纹饰，长6.5厘米，宽5厘米。

蚝岗第一期文化遗存陶器残片

橙黄陶，为圈足部位残片，装饰有刻画纹和白色陶衣。

石器

发现石磨盘1件，灰色砂岩，磨面平而微凹，底粗糙不平。长40厘米，宽24.5厘米，厚5厘米。

发现石饼1件，细砂岩，两面微弧，半残缺，通体磨光。直径10.5厘米，厚4.9厘米。

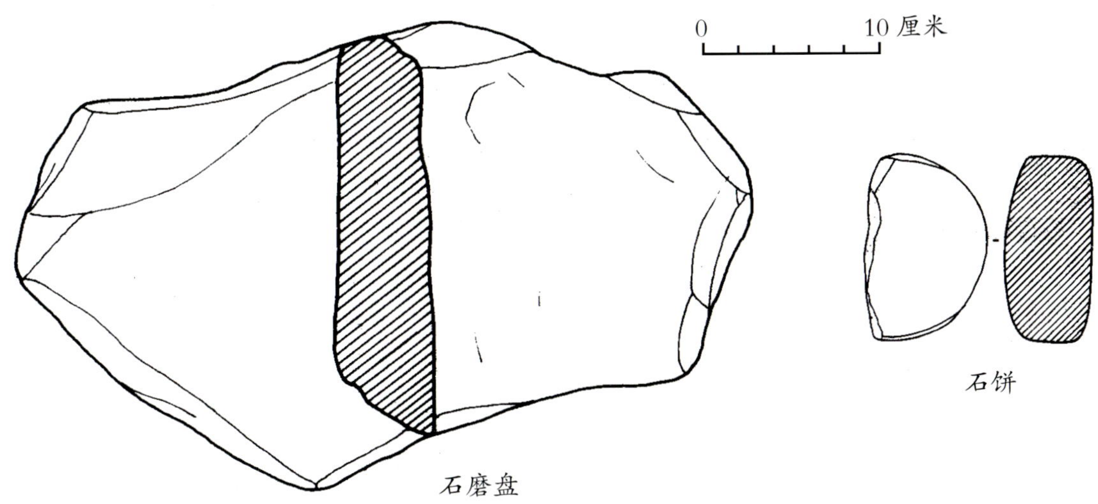

蚝岗第一期文化遗存石器线图

第二期文化遗存

第二期文化遗存距今 5500 ~ 5000 年，发现遗迹有房址两座、柱洞多个及排水沟 1 条。第二期文化的特点一是彩陶，二是夹砂陶。彩陶为第二期文化所特有，流行镂孔。而第二期文化的夹砂陶釜（罐），都卷沿，沿面窄，沿较厚，其截面呈三角形，流行绳纹，口沿压印锯齿状纹，陶色以褐色为主。发现有直筒形的陶支座，其上下与中间大小相近。

遗迹

房子

蚝岗遗址第二期文化遗存发现房屋遗迹共 2 处，一处为方形，编号为 F1。F1 位于 T0306 和 T0406 北部第五层下，未完全揭露。已揭露部分长 6.6 米，内宽 2.5 米，单间，墙

房屋遗迹

基开槽充填贝壳，墙槽宽 15 ～ 20 厘米，深约 20 厘米。墙基填土与第六层土区别不明显，都是褐红色黏土。为了留作将来展示用，所以未继续往下挖。第六层表面出土了少量彩陶片和口沿较厚的夹砂褐陶罐或釜的残片。另一处房屋遗迹未见柱洞，位于 T0306 第六层下，未能看出其分布规律，结构不明。

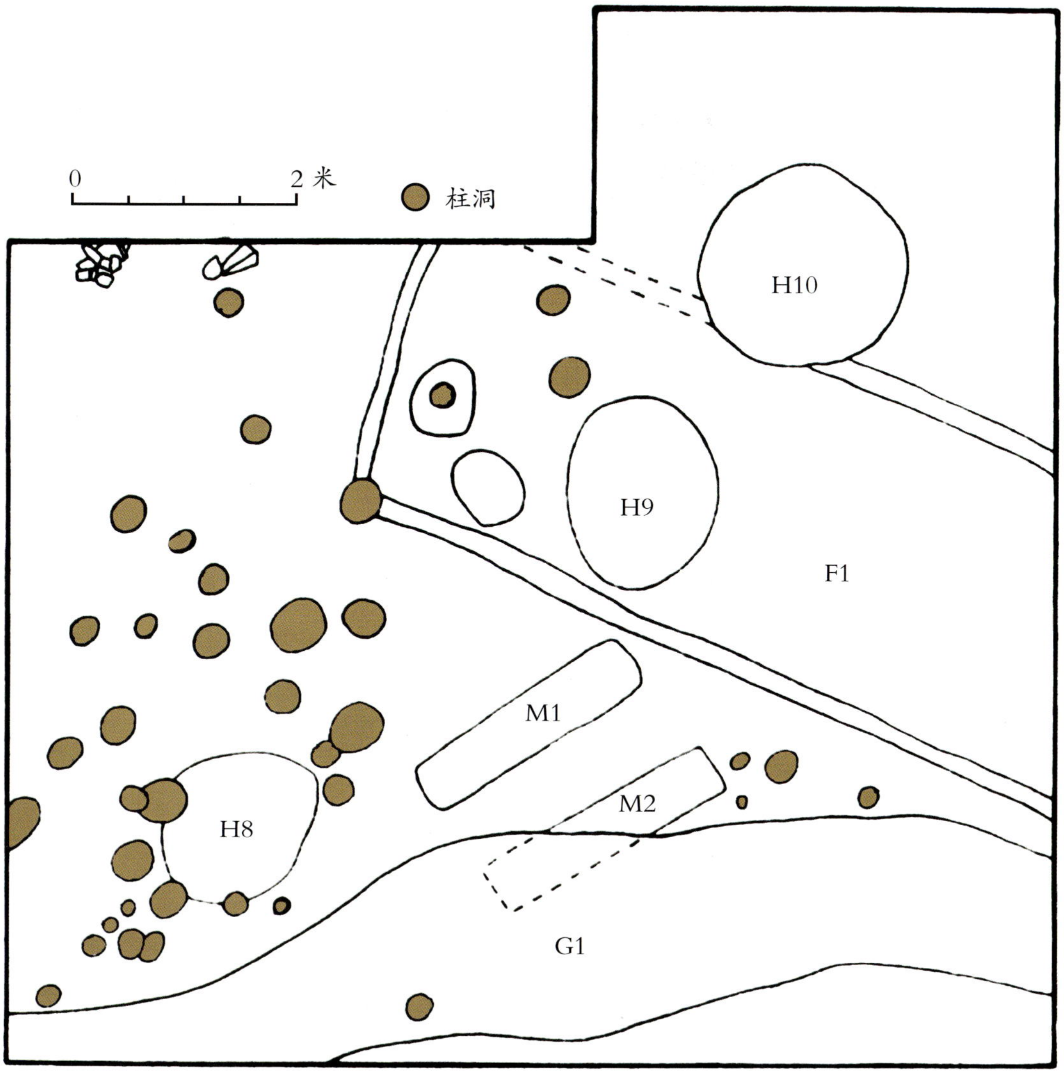

F1 和 G1 位置图

排水沟

排水沟的编号为 G1，位于 F1 的南部，T0306 和 T0406 的第五层下，只清理了位于 T0306 和 T0406 两个探方内的部分。已清理部分长 9.2 米，宽 0.75 ～ 1.8 米，深 0.2 米。沟内填土为灰黑色沙质土，颗粒较细，出土了少量陶片及动物残骸。推测 G1 可能是房子之间的排水沟。

排水沟（G1）

遗物

陶器

蚝岗第二期文化遗存发现的陶器以泥质红陶为主（其中部分为彩陶），其次为夹砂黑褐陶，此外，还有少量夹砂红陶。

器型有彩陶圈足盘、夹砂陶釜（罐）、陶器座等。夹砂陶器口沿厚而窄，流行卷沿，不见折沿。陶器大多为贴筑法制成，流行绳纹、刻画纹和镂孔，口沿压印锯齿状纹。

发现陶圈足盘9件，大都是彩陶，白底红彩，没有复原器，有的外表彩绘残存部分局部构图如“乙”字形，内口一圈宽带状红彩，与香港春坎湾所出彩陶构图相同。

发现陶罐16件，没有复原器，只有口沿，都是夹砂陶，圆唇卷沿，颈部饰细绳纹，口沿外侧刻画条纹、波折纹。

发现陶釜20件，夹砂褐陶，尖圆唇，卷沿，颈部以下饰绳纹。

发现陶器座2件，夹砂红陶，中空，底部为喇叭状外张。

蚝岗遗址第二期文化遗存出土的彩陶片

蚝岗第二期文化遗存陶片纹饰拓片

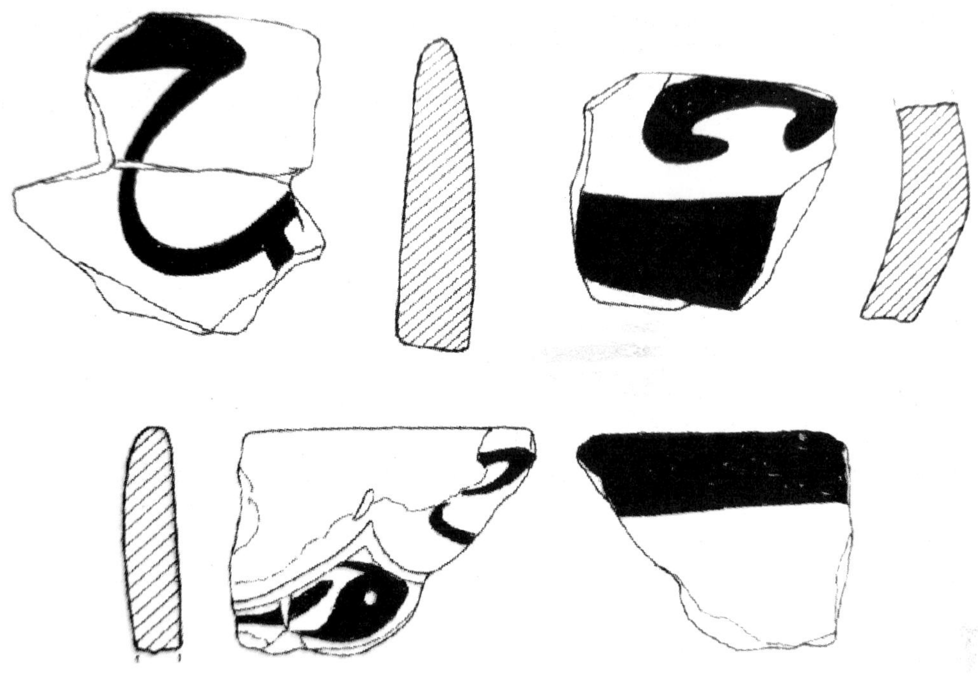

蚝岗第二期文化遗存彩陶圈足盆线图

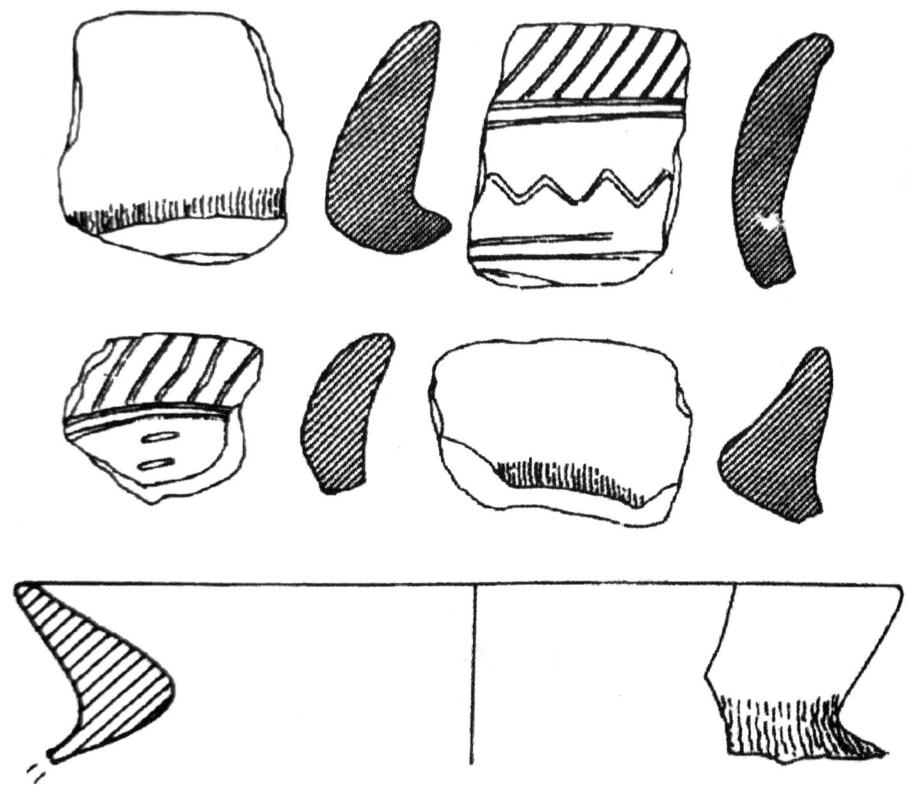

蚝岗第二期文化遗存夹砂陶线图

石器

蚝岗第二期文化遗存发现的石器数量较多，种类包括尖状器、石饼、石刀、石拍、石磨盘、石锛、石斧等，只有石锛和石斧经过磨制。其中，尖状器最多，推测可能是开蚝和采蚝时使用的工具。石料为细砂岩、砂泥岩、片岩、角岩等。

发现石拍1件，灰褐色细砂岩，残长4.7厘米，残宽3.8厘米，厚1.7厘米。两面微弧曲，

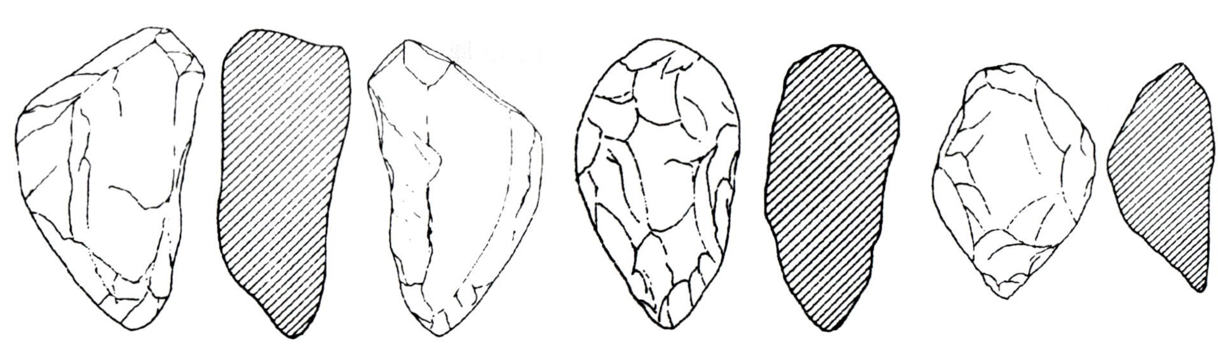

蚝岗第二期文化遗存尖状器线图

蚝岗遗址石器出土现场

一面残存纵向平行小槽 9 条，槽宽约 3 毫米，深约 2 毫米。

发现石刀 1 件，砂岩，基本完整，整体像三角形，两边打制，刃部加磨，单面刃。长 5.8 厘米，刃宽 8.7 厘米，厚 3.8 厘米。

发现石锛 7 件，都是单面刃。

发现石斧 8 件，都是双面刃。

发现尖状器 35 件，均经过打制，是最多见的器物。按照形态特征分为 3 种类型：A 型 19 件，短身；B 型 15 件，长身；C 型 1 件，带把，长 13 厘米，宽 7.5 厘米，厚 5.6 厘米。

发现石饼 12 件，呈圆饼状，大小不一，直径从 5 ～ 13 厘米不等。

发现石饼毛坯 1 件，从周边向中心敲打成形，但没有经过打磨，应为废弃品。直径 8.5 厘米，厚 2.4 厘米。

发现石磨盘 1 件，红砂岩，磨面凹曲，底平，长 18 厘米，宽 15.2 厘米，最厚处 3.3 厘米。

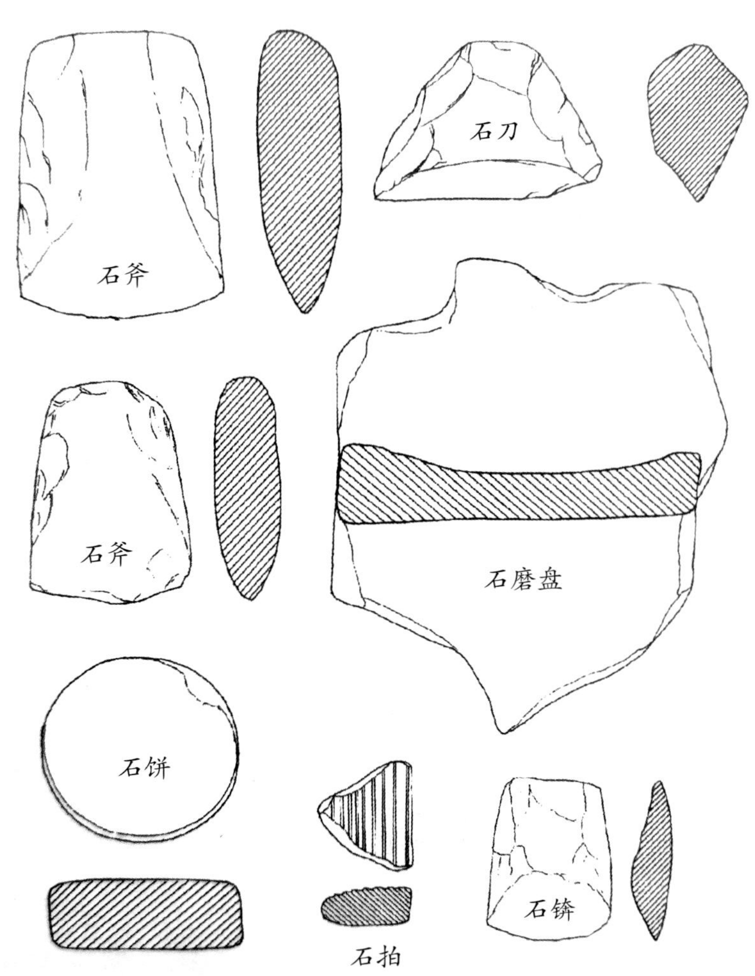

蚝岗第二期文化遗存石器线图

骨器

蚝岗第二期文化遗存出土的骨器有骨铲、骨锥等。

发现骨铲 1 件，牙黄色，是用动物的长骨切开磨平而成的，铲形，单面刃。上下两端残缺，已轻度石化。

发现骨锥 1 件，牙黄色，是利用动物的长骨切割磨制而成的。

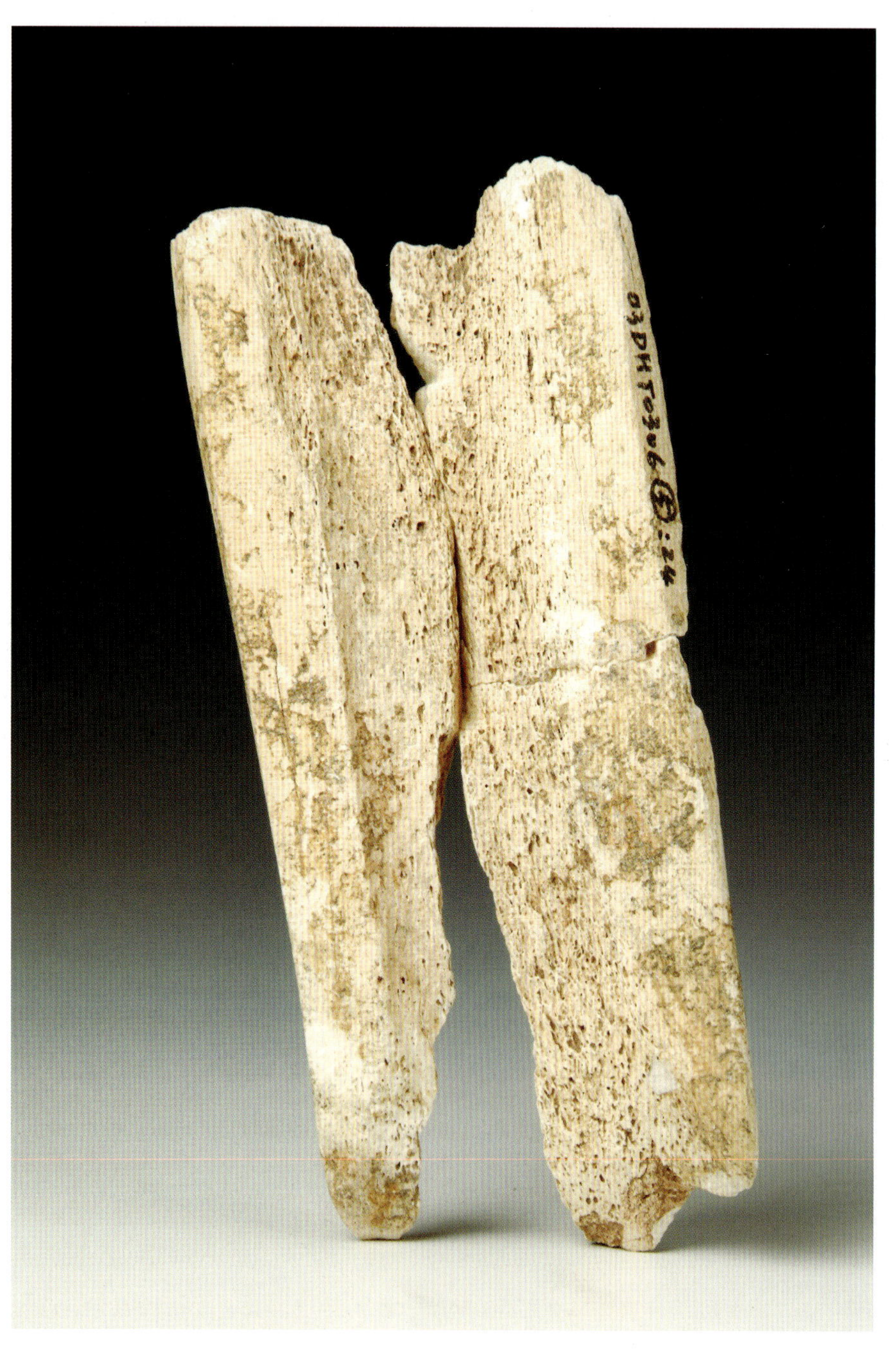

蚝岗第二期文化遗存出土的骨铲

残长 12.5 厘米，宽 5.5 厘米，厚 0.8 ~ 1.2 厘米。

蚝岗第二期文化遗存出土的骨锥

残长 7 厘米，宽 1.3 厘米。

蚝岗遗址骨器出土现场

蚌器

蚝岗第二期文化遗存出土了两件穿孔蚝壳，其中1件为白色，镰刀形，是利用蚝壳加磨穿孔而成的，内侧为自然薄刃。另一件是1个完整的蚝壳，上面有1个人为穿琢的圆孔。

蚝岗遗址出土了不少“穿孔”的蚝壳，但孔周毛糙，非有意为之，故不列入蚌器类。总的来看，蚝岗遗址出土的蚌器较少。

蚝岗第二期文化遗存出土的穿孔蚝壳

长10.8厘米，厚0.4厘米。

第三期文化遗存

第三期文化距今 5000 ~ 4500 年，其最大的特点有两方面，一是烧制温度高的泥质磨光陶圈足盘和陶钵的出现，二是夹砂陶釜（罐）流行宽折沿，少见或不见卷沿器。第三期文化不见彩陶，圆柱状的陶支座已被中空的喇叭形陶器座所替代。陶器流行细绳纹、刻画纹和贝画纹，其中段出现波折纹（曲折纹），晚段出现亚腰形（微出双肩）石器。

蚝岗第三期文化遗存以第 2、第 3、第 4 层为代表。第 2、第 3、第 4 层之间在大的方面是一致的，如器物形态无明显差异，但有些因素仍有区别，比如波折纹（曲折纹）在第 4 层中没有出现，而在第 3 层出现；第 2 层出现的亚腰形（微出双肩）石斧、石锛，在第 3、第 4 层未出现。故第三期文化按地层可分为前、中、后 3 段，即第 4 层为前段，第 3 层为中段，第 2 层为后段。

遗迹

发现红烧土活动面 1 处，分布于 T0304、T0404、T0305 和 T0405 的第 3 层下，已残破不相连续，只在 T0304 有较好的保存。残存面积共约 50 平方米，厚约 20 厘米。

蚝岗第三期文化遗存红烧土活动面

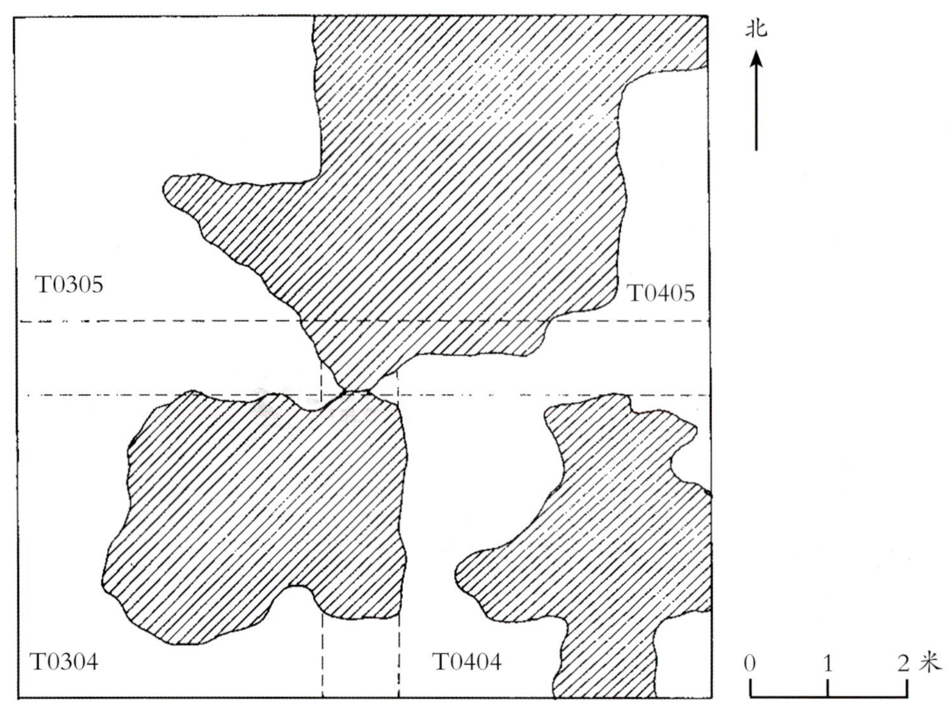

蚝岗第三期文化遗存红烧土活动面分布平面图

遗物

陶器

蚝岗第三期文化的陶器以夹砂褐陶为主，有少量的泥质灰陶和磨光黑陶。器型有宽薄沿陶釜、侈口鼓腹圜底小陶罐、陶圈足盘和陶器座等，折沿器比较流行，卷沿器较少，没有发现彩陶。制作方法仍为贴筑法，烧制温度较高。泥质的灰陶或黑陶质地坚硬，表面光亮，制作得较为精美。泥质灰陶圈足盘陶片碴口断面呈“千层糕”状，出现在夹砂陶罐颈部涂抹白色泥浆层。流行细绳纹、刻画纹和贝画纹。其中，带耳陶罐与深圳咸头岭出土的同类器风格近似。

发现陶罐 1 件，卷沿，束颈，垂腹，颈部一周是用贝壳边缘压印出来的贝印纹、篦点纹，腹部有绳纹，残高 4.4 厘米，残宽 4.6 厘米。

发现带耳陶罐 1 件，灰黑胎，夹砂，红陶衣。仅残剩耳部。耳部为竖耳，耳上缘与罐口齐平，残高 3.6 厘米。

发现陶釜 23 件，尖唇，折沿，沿宽而薄。

1

2

3

4

5

6

7

8

9

10

11

12

13

14

15

16

17

蚝岗第三期文化遗存陶器纹饰拓片

1为刻画弦纹、水波纹、细绳纹组合，2为篦画弦纹、水波纹、细绳纹组合，3为细绳纹，4为篦画弦纹、交错细绳纹组合，5为压印波折（曲折）纹，6、15为篦画弦纹、间断凸弦纹、交错绳纹组合，7、16为粗绳纹，8为交错绳纹组合，9、11为刻画弦纹、篦画纹组合，10为篦画弦纹、交错绳纹组合，12为刻画纹，13为交错弦纹、水波纹组合，14为弦纹、网格纹组合，17为交错细绳纹。

蚝岗第三期文化遗存陶器纹饰拓片

1为刻画纹、绳纹组合，2、6为刻画（弦）纹、交错绳纹组合，3、8、12为交错细绳纹，4、9为交错绳纹，5为篦画水波纹，7、10为细绳纹，11为篦画弦纹、水波纹、交错细绳纹组合，13为篦画弦纹、水波纹、细绳纹组合。

发现陶钵3件。其中1件为夹细砂黑陶，表面磨光，黑亮，侈口，直壁微鼓，圜底，口径13.6厘米，高7.5厘米。另两件为夹砂褐陶，器名存疑：1件为直口、折腹、圜平底，外侧近底处饰绳纹，残高4.1厘米，残宽6.2厘米；另1件为卷沿、束颈、垂腹，颈部一周饰有用贝壳边缘压印出贝印纹、篦点纹，腹部有绳纹，残高4.4厘米，残宽4.6厘米。

发现陶圈足盘 1 件，泥质灰褐陶，胎黑，表面经磨光，口沿外侧及足底交接处有贝画纹和贝印纹，残高 4.6 厘米，残宽 8.5 厘米。

发现陶饼 1 件，夹砂褐陶，以陶片为坯料，打磨周边而成，直径 4.1 厘米。

发现陶支座 2 件，夹砂红陶，圆柱形。其中 1 件直径 7.8 厘米，残高 10 厘米；另 1 件直径 7.2 厘米，残高 5.6 厘米。

发现陶器座 1 件，夹砂红褐陶，中空，上部残缺，底缘作喇叭口状外撇，直径 9.6 厘米，残高 6 厘米。

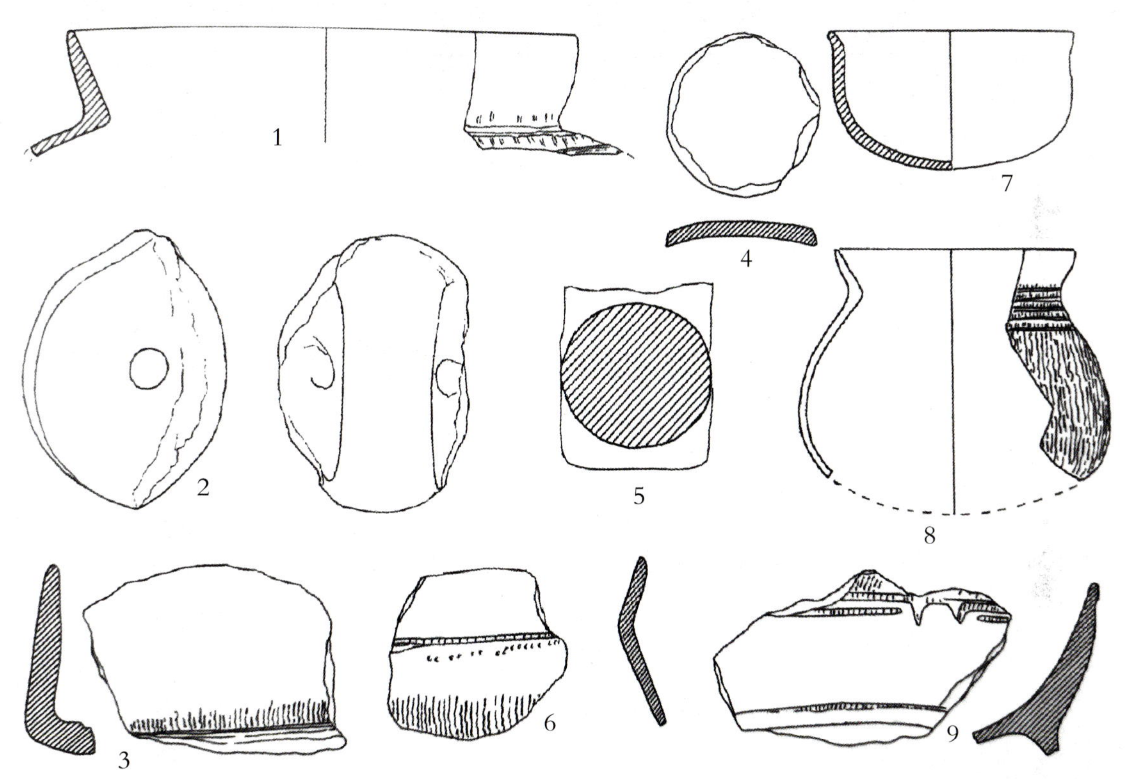

蚝岗第三期文化遗存陶器线图

1、8 为陶釜，2 为陶器耳，3、7 为陶钵，4 为陶饼，5 为陶支座，6 为陶罐，9 为陶圈足盘。

石器

蚝岗第三期文化出土的石器种类与第二期相比，变化不大，打制尖状器最多，最晚阶段出现了亚腰形（微出双肩）石锛和石斧。

发现尖状器 42 件，依形状分为 4 种类型：A 型 11 件，短身；B 型 23 件，长身；C 型 4 件，带把手；D 型 4 件，两端尖刃。

发现砺石1件，黄白色粗砂岩，上下两面及侧面都有磨槽，槽宽0.4～1.5厘米，长6厘米，宽5.7厘米，厚3.2厘米。

发现石磨盘1件，灰黄色粗砂岩，磨面使用痕迹明显，较平，长36厘米，中宽23.2厘米，中厚9.2厘米。

发现磨石1件，残，褐色砂岩，通体受磨，残长4厘米，残宽4.2厘米，厚2.7厘米。

发现石拍4件，都有残缺。

发现石饼5件，圆形。

发现石饼毛坯3件，有打制痕迹，但都未经过磨制。

发现石斧11件，双面刃，磨制而成，但器表凹处仍留存有打击崩疤。可分为3种类型：A型6件，短身；B型4件，长身；C型1件，亚腰。

发现石锛9件，单面刃，磨制而成，但器表凹处仍留存有打击崩疤。可分为3种类型：A型4件，短身；B型4件，长身；C型1件，亚腰。

蚝岗遗址陶器出土现场

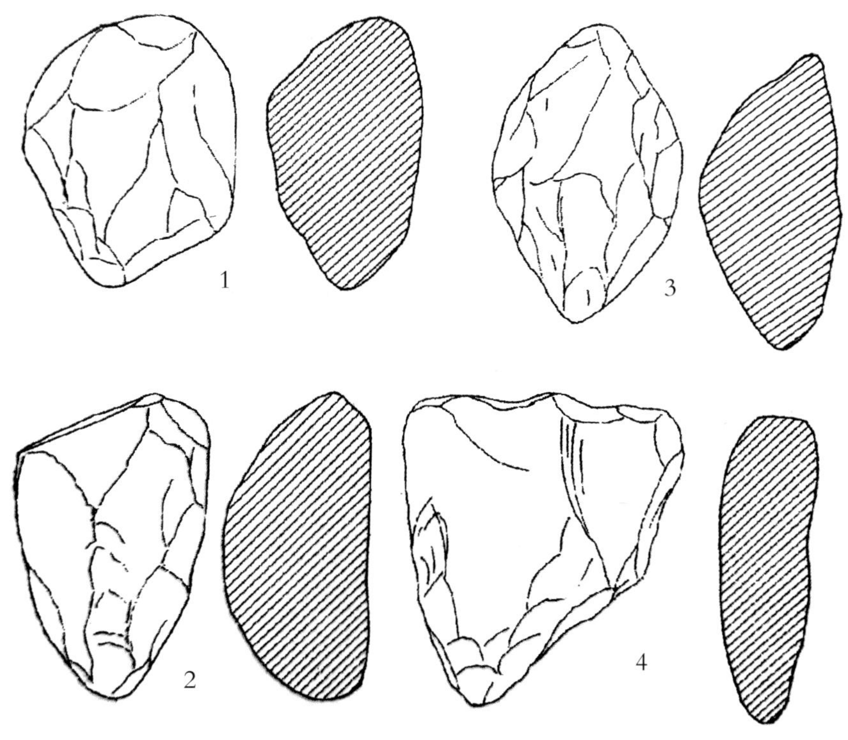

蚝岗第三期文化遗存尖状器线图

1 为 A 型；2 为 B 型；3 为 D 型；4 为 C 型。

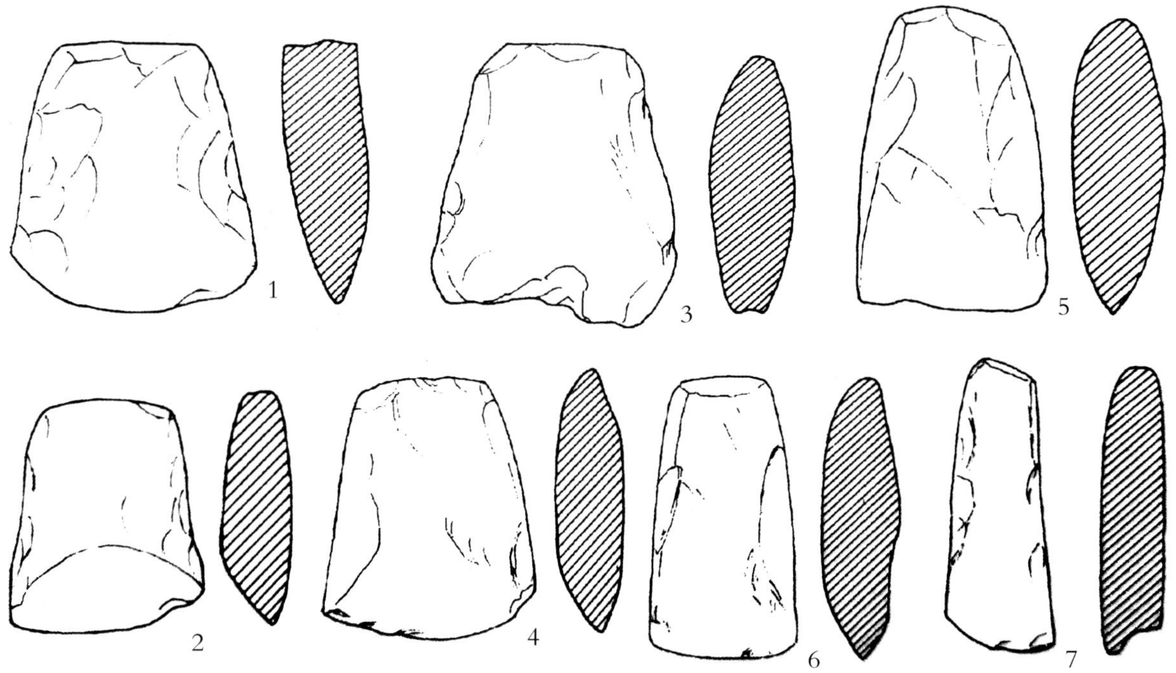

蚝岗第三期文化遗存石器线图

1 为 A 型石斧，2 为 C 型石锛，3 为 C 型石斧，4 为 A 型石锛，5 为 B 型石斧，6、7 为 B 型石锛。

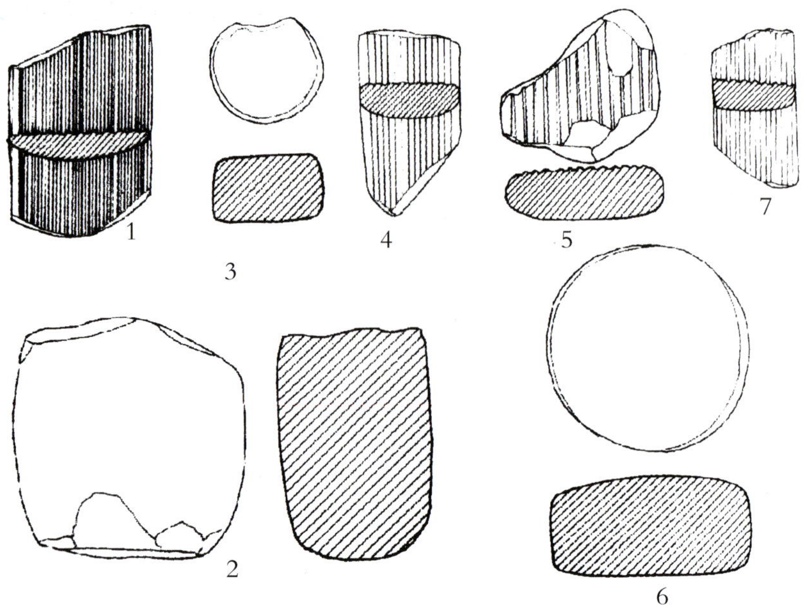

蚝岗第三期文化遗存石器线图

1、4、5、7为石拍，2为磨石，3、6为石饼。

骨器

发现骨铲2件，骨料1块。

蚝岗第三期文化遗存骨铲

牙白色，利用动物长骨切片磨制而成，单面刃。残长9厘米，宽4.5厘米，厚0.9厘米。

蚝岗第三期文化遗存骨铲

牙黄色，利用动物肩胛骨磨制而成，半残缺，一边及刃部经过磨制。长9厘米，厚1.2厘米。

蚝岗第三期文化遗存骨料

锥形，牙黄色动物肩胛骨，一边留双面对切痕，残缺。长9.5厘米，宽2.5厘米，厚1.5厘米。

动物骨头

发现水牛牙8枚。

蚝岗精品

蚝岗遗址出土的遗物中，有夹砂粗绳纹陶，有彩陶片，有打制的石器工具，有砺石，这些器物从一个侧面展现了5000多年前蚝岗先民的生活状况，为我们探寻先民们的生活、生产情况提供了依据。

根据出土遗物在层位关系上的变化特点，可将本遗址分为三期。简单地说，三期各自的最大特点就是：一期白陶，二期彩陶，三期磨光灰黑陶。这是泥质陶在三期中最为突出的特点。另外，夹砂陶口沿由窄变宽，由厚变薄的特点也十分显著。不过，从夹砂陶看，一期与二期，二期与三期之间，差异也较大，从口沿看，则有宽薄沿—窄厚沿—宽薄沿的发展规律。再从器型上分析，似乎在二、三期之间，器物形制上的发展关系连不上，尚有缺环。石器的变化表现在：一期石器较少。二期石器与三期比较，表现出梯形变双肩的端倪。三期的石斧、石锛比二期的同类器在类型上更显出多样化。在三期后段，出现了亚腰形的双肩石器。从石器看，蚝岗遗址三期的年代都要早于南海西樵山双肩石器流行于珠三角地区的年代。

陶釜

陶钵形釜

灰陶，圆唇，口微敞近直，缓收深腹，圜底，器身留有烟炱痕迹。口径13.5厘米，高7厘米。

陶罐

灰陶，侈口，圆唇，束颈，鼓腹下垂，圜底，颈、肩部刻画弦纹和波浪纹，腹部拍饰细绳纹。口径20厘米，残高19厘米。

陶罐

灰黑色胎，侈口，圆唇，沿面近直，束颈，垂腹，圜底，颈部刻画数道弦纹，腹部饰细绳纹。口径11厘米，高14厘米。

陶片

陶片

橙黄陶，为圈足部位残片，上有 3 个圆形镂孔和刻画纹。长 6.2 厘米，宽 5.7 厘米。

陶片

陶片

夹砂黑陶，上饰刻画纹。长5厘米，宽3.8厘米。

陶片

陶片

夹砂灰褐陶，上饰贝画纹。

陶片

夹砂褐陶，为釜的口沿残片。长 7 厘米，宽 4.5 厘米。

陶片

夹砂灰陶，为罐的口沿残片。长 10 厘米，宽 4 厘米。

陶支脚

灰褐色陶，实心圆柱体，底足外撇。直径 7 厘米，残高 5 厘米。

陶支脚

夹砂橙红陶，上部略残，实心圆柱体。直径 7.5 厘米，高 9 厘米。

陶支脚

夹砂橙红陶，上部残，喇叭形，中空，足端明显外撇。直径 10 厘米，残高 4 厘米。

砸击器

石网坠

黄褐色砂岩，长身，一面平直，一面略隆起，中间两侧打出两个凹口便于系绳。长 9.3 厘米，宽 5 厘米，厚 1.7 厘米。

石网坠

灰褐色砂岩，体薄，中间两侧打出两个凹口便于系绳。长 8.6 厘米，宽 5 厘米，厚 1.4 厘米。

石网坠

黄褐色石英岩，近椭圆形，器身较厚，黏附有贝壳，中间两侧打出两个凹口便于系绳。长 7.5 厘米，宽 5.5 厘米，厚 3.2 厘米。

砺石

砺石

砺石

灰褐色砂岩，通体有磨面和凹下的磨槽，应是磨制骨器所用。长8厘米，宽6厘米，厚3厘米。

砺石

淡褐色砂岩，器身较扁平，磨面平整。长 14.5 厘米，宽 9 厘米，厚 4.5 厘米。

砺石

黄褐色砂岩，体较厚，近似长方形，磨面略微粗糙。长 34 厘米，宽 22 厘米，厚 9 厘米。

砺石

黄褐色砂岩，形状不规整，其中一面为磨面，光滑略凹。长 11 厘米，宽 9.5 厘米，厚 3.5 厘米。

砺石

淡紫色细砂岩，扁体，形状不规则，磨面略凹。长 13.5 厘米，宽 11 厘米，厚 1.2 厘米。

砺石

黄褐色砂岩，呈扁体多边形，有一个略凹的磨面。长 9 厘米，宽 7 厘米，厚 2 厘米。

砺石

砺石

砺石

砺石

淡紫色细砂岩，器身扁平，正反面均有磨面，凹陷明显。长 19 厘米，宽 15 厘米，厚 3.5 厘米。

磨棒

石饼

黄灰色碎屑岩，扁圆体，磨制规整，光滑，两面略凸起。直径 6 厘米，厚 2.5 厘米。

石饼

石饼

灰色碎屑岩，扁圆体，一面略凹，另一面残。直径 8.5 厘米，厚 3 厘米。

石饼

深褐色砂岩，扁圆体，磨制规整，两面略微隆起。直径 7.5 厘米，厚 3 厘米。

石饼

深褐色砂岩，扁圆体，两面略凸。直径 7 厘米，厚 3.5 厘米。

石饼

灰白色粉砂岩，扁圆体，磨制规整，两面略凸。直径 5 厘米，厚 1.5 厘米。

石饼

石刀

石刀

褐色细砂岩，近似三角形，器身较厚重，宽直刃。长 8.5 厘米，宽 6 厘米，厚 4 厘米。

石刀

石斧

青灰色变质泥岩，器身较为厚重，呈梯形，弧顶，弧刃。长 8.5 厘米，宽 6 厘米，厚 2 厘米。

石斧

灰绿色变质泥岩，呈梯形，器身较厚，弧顶，刃残。长 8 厘米，宽 5 厘米，厚 2 厘米。

石斧

灰绿色变质泥岩，呈梯形，平顶，弧刃。长 7.6 厘米，宽 6 厘米，厚 1.5 厘米。

石斧

青灰色变质泥岩，呈长身梯形，弧顶，直刃。长9厘米，宽5厘米，厚2厘米。

石斧

灰色砂岩，呈梯形，器身较厚重，顶部略弧，弧刃。长 11 厘米，宽 8 厘米，厚 2.5 厘米。

石凿

青灰色变质泥岩，呈长条状，顶部较窄不规则，器身渐宽，斜刃。长 8.5 厘米，宽 3 厘米，厚 1.5 厘米。

石凿

灰绿色变质泥岩，长身，顶部直，两侧平直，直刃。长13厘米，宽5.5厘米，厚2厘米。

石凿

黄灰色变质泥岩，器身较为狭长，顶部较窄，斜刃，刃部较宽。长 11 厘米，宽 5 厘米，厚 2 厘米。

石锤

石锤

石锤

淡黄色花岗岩，呈不规则球体，器表一端有明显的砸击疤痕。长 10 厘米，宽 8.5 厘米，厚 8 厘米。

石锤

灰绿色花岗岩，器身浑圆，一端略平，有明显的砸击痕迹。长 6.5 厘米，宽 6 厘米，厚 4.5 厘米。

石锤

石锤

尖状石器

浅绿色变质岩，呈不规则的扁体多边形，沿两个长边打制出尖刃，另一端为手握部分。长9厘米，宽7厘米，厚2.5厘米。一般认为这是取食生蚝时使用的工具。

尖状石器

用长英质岩石略加打制而成，前端呈尖锐状，后端经打击修理。长9.5厘米，宽6.5厘米，厚6.5厘米。

尖状石器

用长英质岩石打制而成，器身略扁平，前端略尖，后端经打击修理。长 10 厘米，宽 8 厘米，厚 4.5 厘米。

尖状石器

由石英岩打制而成，为两端尖状器，一端已残。长 10.5 厘米，宽 7.5 厘米，厚 4.5 厘米。

尖状石器

尖状石器

灰色花岗岩，为两端尖状器，通体琢打，呈橄核形。长11.5厘米，宽7.5厘米，厚5.5厘米。

尖状石器

青灰色变质泥岩，器身较扁，一端尖锐似矛形。长12.5厘米，宽5.5厘米，厚2厘米。

尖状石器

深褐色碎屑岩，呈长条圆形，前端渐收成圆尖状，后端略平。长13厘米，宽7厘米，厚5厘米。

尖状石器

灰色变质岩，前端尖锐，后端经打击修理。长 11 厘米，宽 8 厘米，厚 6 厘米。

尖状石器

灰色花岗岩，为两端尖状器，器身通体琢打修理，形状规整。长 15 厘米，宽 7 厘米，厚 5 厘米。

尖状石器

尖状石器

石锛

灰色变质泥岩，呈不规则梯形，顶部残缺，直刃。长 8 厘米，宽 5.5 厘米，厚 1.5 厘米。

石锛

灰色变质泥岩，器身呈梯形，顶部略呈弧形，弧刃。长6.5厘米，宽5厘米，厚1厘米。

石锛

墨绿色变质泥岩，器身呈梯形，顶部平直，刃部残。长 8 厘米，宽 6.5 厘米，厚 2 厘米。

石锛

灰绿色变质泥岩，器身呈梯形，弧顶，弧刃。长 7.56 厘米，宽 5 厘米，厚 1 厘米。

石锛

青灰色变质泥岩，器身呈梯形，弧顶，刃部残。长 8.5 厘米，宽 5.5 厘米，厚 1.5 厘米。

石锛

青灰色变质泥岩，呈长身梯形，顶部略平，斜刃。长 8 厘米，宽 4 厘米，厚 1.5 厘米。

石锛

灰绿色变质岩，器身呈梯形，器身较为扁平，顶部略弧，直刃。长7厘米，宽5.5厘米，厚0.8厘米。

石锛

灰色砂岩，器身呈梯形，顶部平直，弧刃。长 7 厘米，宽 5 厘米，厚 1.5 厘米。

刮削器

刮削器

刮削器

刮削器

第三章

智慧先民

5000多年前，正好是地球冷暖交替变化最大时期中的一个温暖期，那时的蚝岗还是一个海岛，四季如春，鸟语花香，岛上有参天大树，地上有淡水溪流，根茎植物和海产品极为丰富。正因如此，一代又一代的蚝岗人在此繁衍生息。滔滔海浪给了他们创作的源泉，彩陶上的纹饰是他们生活的真实写照。从遗址出土的石拍推测，他们会用这些简陋的工具制作遮体的树皮衣。这些在现代人眼中极其简陋的工具，在当时却是伟大的发明。

"珠三角之祖"

蚝岗遗址出土了两具遗骸，其中 1 号墓墓主是目前珠江三角洲地区发现的年代最早、保存最完整的人类骨架，距今 5000 多年。它的发现为研究新石器时代的人类体质和珠江三角洲早期居民的经济生活等方面提供了重要的信息，因此，1 号墓墓主被称为"珠三角之祖"。

骨骸概况

蚝岗遗址 1 号墓（M1）墓主为仰身直肢葬式，头向东偏北，前臂骨为内旋位，桡骨交叉叠于尺骨前，姿态自然，骨质保存较好。颅骨保存良好，牙齿齐全无脱落。四肢长骨干也保存完好，但手足骨、椎骨、肋骨、胸骨、锁骨等都因骨质腐朽松塌，贴陷于泥土中，松脆的骨密质薄片一触即脱落。

蚝岗遗址 1 号墓发掘前　　蚝岗遗址 1 号墓发掘后

性别鉴定

蚝岗遗址 1 号墓墓主下颌骨较大、较厚，下颌骨区骨面粗糙且稍外翻，颏部近似方形，颅骨较大、较厚，额骨鳞部稍向后倾斜，额结节不明显，眼眶上缘钝厚，牙齿较大，颧骨较粗大，全副骨骼给人的整体印象就是一具粗壮的个体。

考古专家通过分析鉴定，认定该墓主为男性。

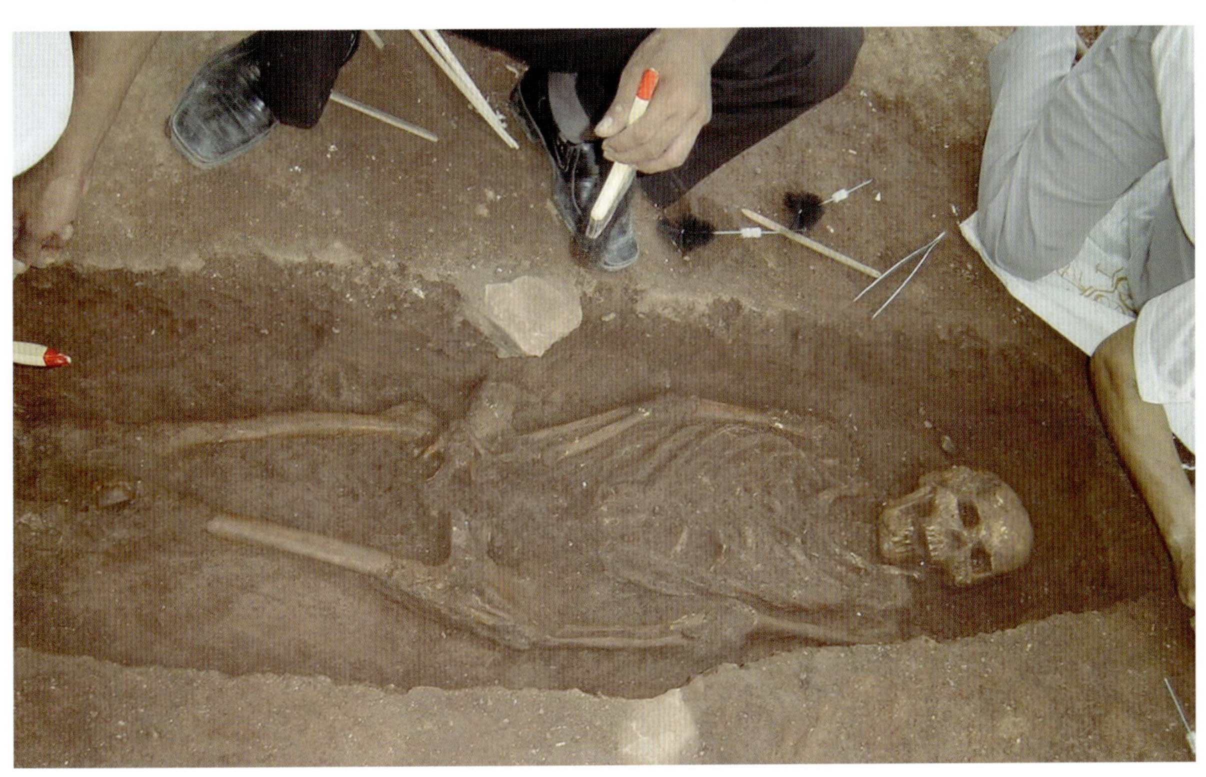

考古人员正在进行蚝岗遗址 1 号墓的发掘工作

岭南地区潮湿闷热，又是酸性土壤，很难有遗骸能够保存下来，为什么这副遗骸能完整保存5000 多年呢？专家猜测，因为蚝岗的地势相对比较高，蚝壳本身的碱性恰好中和了泥土的酸性，这就相当于给骨头涂上了一层“防腐剂”，所以才能护其周全，使其得以完整保存下来。

年龄和身高

专家们经过分析研究，总结出判断蚝岗遗址 1 号墓墓主年龄特征的信息：

1. 该遗骸的智齿已萌出，一般男性智齿萌出的年龄最迟为 26 ～ 28 岁。

2. 该遗骸臼齿的磨耗程度较高，齿冠已部分被磨去，牙本质基本全部暴露，按照现代人的标准，年龄应该在 45 ～ 50 岁之间。考虑到当时人们吃的食物比较坚硬，导致牙齿磨耗较快，因此其实际年龄可能较年轻些。

3. 该遗骸的牙齿整齐，未见脱落，齿槽也没有吸收现象。

4. 该遗骸的颅骨缝因颅受压稍开裂，已经裂开的矢状缝前段的锯齿状缘仍残留变钝，冠状缝骨缘较平滑。

根据以上这些特征，专家们分析，蚝岗遗址 1 号墓墓主年龄在 40 ～ 45 岁之间。

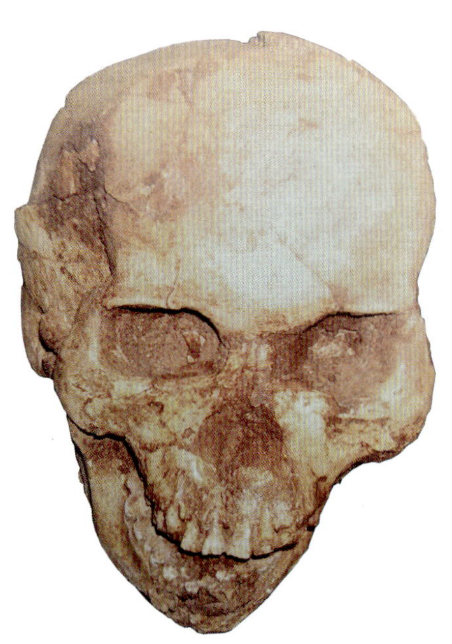

蚝岗遗址 1 号墓遗骸头骨

身高推算

专家通过直接测量骨骼身高和用长骨推算身高，将这两种结果综合考虑后，推测出蚝岗遗址 1 号墓墓主身高约为 166 厘米。

种族特征

蚝岗遗址1号墓骨骸为中长颅型，颧骨突出，鼻较宽阔，鼻骨低平，门齿为铲形。新石器时代蒙古人种在中国的分布以秦岭、淮河为分界，分为北亚型和南亚型。从种族特征来分析，蚝岗遗址1号墓墓主属蒙古人种南亚型。

从蚝岗遗址1号墓墓主头骨复原的雕塑中，我们大致可以看出东莞人祖先的相貌特征：短宽的脸，低矮的眼眶，低阔的鼻型，显示出比黄河流域古代居民更富有类似热带种族的一些特征。

蚝岗遗址人类遗骸虽然不是珠江三角洲史前人类遗骸的第一次发现，但却是目前珠江三角洲考古发现的年代最早的史前人类遗骸，具有重要的意义，被称为“珠三角之祖”确实是实至名归。

蚝岗人复原半身像

珠江流域彩陶文化

珠江是我国第三长河流，流经我国云南、贵州、广西、广东、湖南、江西6个省（区），孕育了灿烂的文化，彩陶文化就是其中之一。广东省内目前出土彩陶的只有高要蚬壳洲、增城金兰寺、东莞万福庵和蚝岗，而金兰寺和万福庵都已被破坏殆尽，所以，蚝岗遗址出土的彩陶对于研究珠江流域彩陶文化具有重要价值。

珠江流域彩陶

珠江流域的彩陶与长江流域、黄河流域的彩陶一起构成了中国绚丽缤纷的彩陶文化。珠江流域的彩陶最早在1933年发现于香港南丫岛大湾遗址，此后在香港的多个地点以及澳门、深圳、珠海、中山、东莞、增城、肇庆等地都有发现，形成了环珠江口地区的彩陶遗存文化圈。

澳门黑沙湾遗址彩陶盘

侈口尖唇，腹壁略弧，圈足外撇，腹部彩绘不清，圈足一周饰10个等距的镂孔，镂孔下刻画一周波浪纹，划纹上加绘红彩。

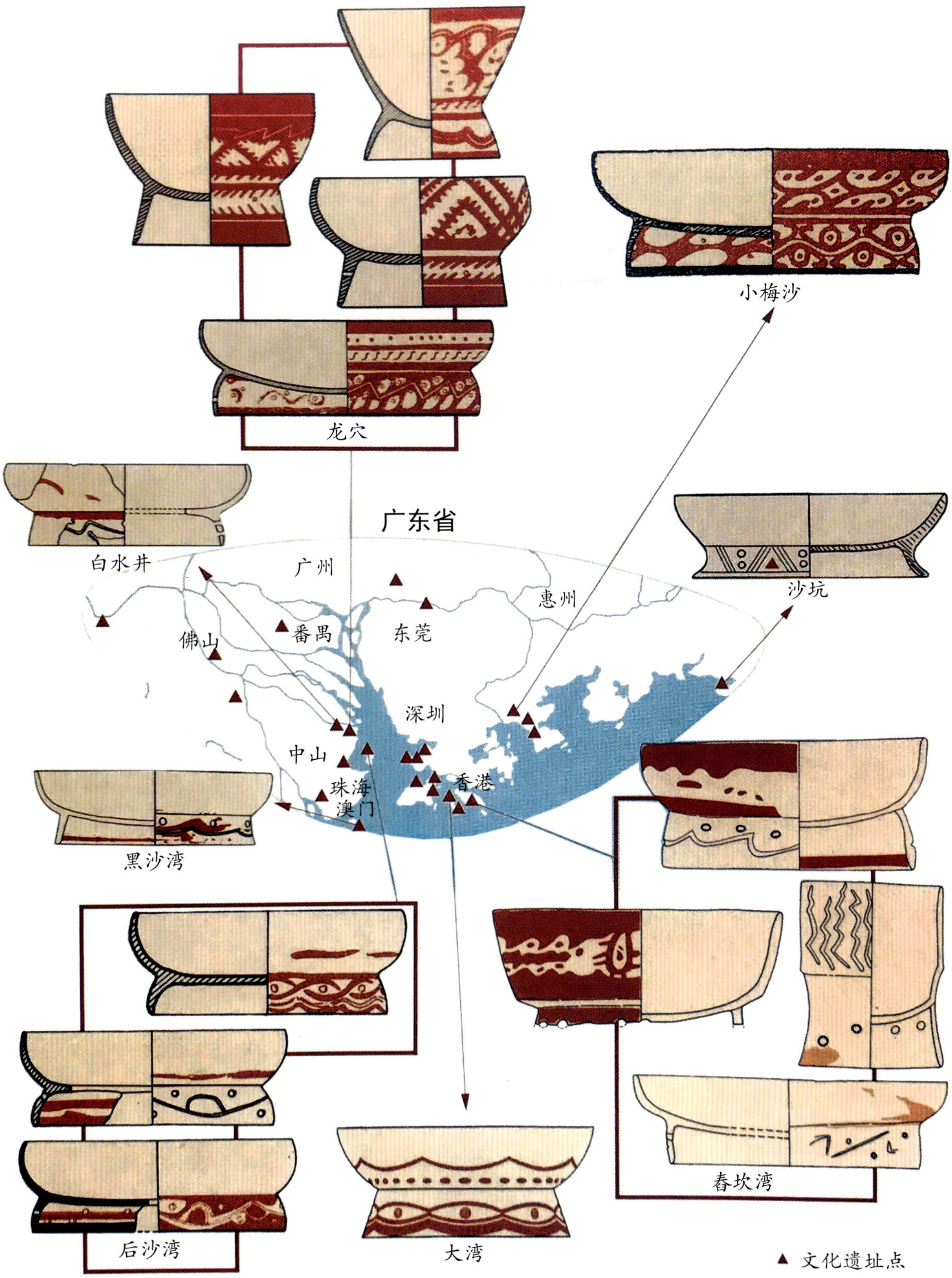

龙穴

小梅沙

广东省

白水井

广州

惠州

番禺

东莞

佛山

沙坑

深圳

中山

珠海

澳门

香港

黑沙湾

后沙湾

大湾

春坎湾

▲ 文化遗址点

环珠江口新石器时代彩陶盘分布图

珠江流域的彩陶遗存可分为两大类：一类以香港大湾沙丘遗址为代表，主要分布于香港、澳门、深圳、珠海、中山等地，距今五六千年，彩陶纹饰以波浪、圈点、镂孔为主题；另一类以东莞蚝岗遗址为代表，分布于东莞、增城、肇庆等地，距今四五千年，彩陶纹饰以带状纹为主体。

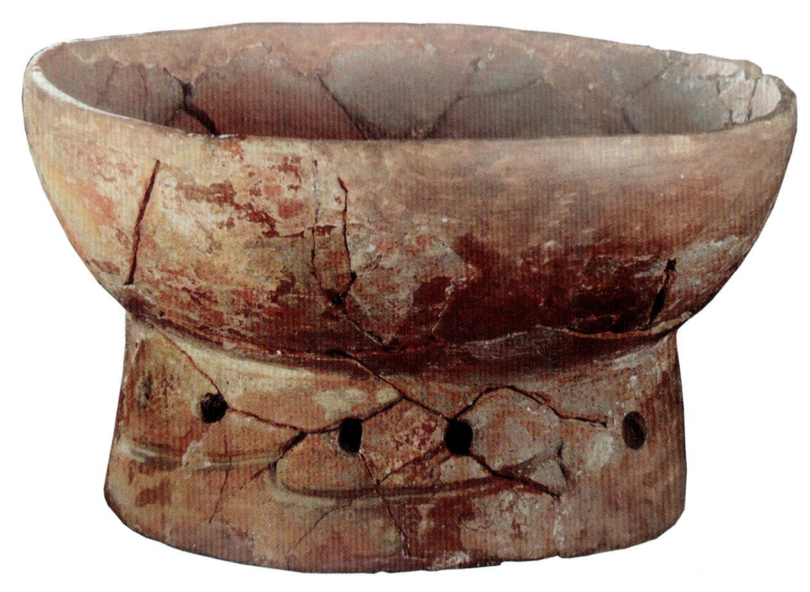

香港春坎湾遗址彩陶盘

敞口近直，方唇，腹壁略弧收，高圈足，器表口沿红彩较宽，下缘呈波浪形，下腹红彩为带状，中部有点状彩和短线彩，圈足下缘有一周带状红彩，上部有不等距的镂孔和不规则的波浪形划纹。

香港春坎湾遗址彩陶盘

敞口圆唇，腹壁斜收，下腹略折，圈足残，器表多红彩，中部所绘纹饰图案化，但不规整，圈足处有不等距的镂孔。

香港春坎湾遗址彩陶杯

直口直腹，圈足略束，足端略外撇，腹外壁一周有竖行水波纹，饰红彩，纹饰不清，圈足中部有高低不等的镂孔，足沿有带状红彩。

珠海后沙湾遗址彩陶盘

敛口圆唇，弧腹壁，圈足底，腹部红彩不清晰，圈足有彩绘连弧线组成的波浪纹，并间以镂孔。

中山龙穴遗址彩陶片

圈足残片，橙红色胎，可见3个镂孔，其中两个残，表面刻画弦纹和折线纹，并绘有红彩。长4厘米，宽3.5厘米。

中山龙穴遗址彩陶碗

泥质红陶，盘身敞口，斜深腹，圈足外撇呈喇叭形，器表饰赭红色条带、水波、圆点和“S”形纹，碗腹和圈足刻画水波纹。口径14.6厘米，高12.2厘米。

深圳大黄沙遗址彩陶盘残片

圈足残片，橙红色胎，上有一小圆孔和刻画纹，绘红彩宽带纹。长 6.5 厘米，宽 3.5 厘米。

深圳咸头岭遗址彩陶片

圈足残片，黄灰色胎，上有一镂孔，彩绘红色条纹。长 4 厘米，宽 3.5 厘米。

珠江流域彩陶纹饰

珠江流域彩陶器上的彩绘纹饰，据统计有50多种，其主题均与海洋或河流有关，比较明显的就是表现海浪及浪花的形态。无论纹饰是波浪形或是曲线形，多线条形或是组合形，对向形或是错向形，规整形或是不规则形，繁缛复杂形或是简单形，结构致密形或是散漫形，奔放粗犷形或是简单画线形，等等，无不与海浪或水形有关。即使是或宽或窄的带状红彩，也犹如表现静寂的水面一样，而散乱的线条或是多种直线、弧线组成的图案、纹饰，都表

现出多姿多彩的海浪或浪花形态，反映了当时陶工对海浪的观察力和表现力。

珠江流域的彩陶器数量不多，种类也少，说明在当时这是一类较为特别且十分珍贵的器皿。彩陶器上的纹饰，表现出了遗址居民的审美观念，其所赋予的社会意义更是不可忽视。这些彩陶遗址都位于海岸、岛屿或江河边上，彩陶器的纹饰又主要表现出水的形态，正是遗址居民生产、生活与水息息相关的真实写照。这时期遗址居民的主要生产、活动是在水里，他们的食物也主要来自水中，对大自然中变幻莫测的海洋、江河世界祈求平安、祈望丰收的心理，促成了遗址居民对海洋、江（河）神的祭祀活动。而这类彩绘（包括刻画、镂孔）各种水形态的陶器，或许就是遗址居民举行祭祀活动时的用器。任何器皿的造型都是人们生产、生活需求的反映，而彩陶器上的纹饰，寄托了特定史前时期人类的思想感情和意识崇尚。从彩陶器上尚可辨别的红彩残迹，我们仿佛看到了史前人类与海洋、江河搏斗时流淌着的滴滴鲜血。

深圳咸头岭遗址彩陶片

圈足与腹部相接处残片，黄色胎，圈足上留有镂孔，彩绘红色条纹。高 6 厘米，宽 4 厘米。

蚝岗彩陶

蚝岗遗址出土的彩陶是环珠江口地区彩陶文化遗存的重要组成部分，遗址出土的彩陶片运用彩绘、刻画、镂孔等装饰手法，体现了蚝岗人的审美观念；对水纹的不同刻画，反映出蚝岗人与水的密切联系。从彩陶图案看，蚝岗彩陶与香港春坎湾彩陶最相似。

彩陶片

橙红色陶，为器物口沿残片，敛口圆唇，弧腹壁，内外均施彩，在白色陶衣上施红彩，口沿内侧饰宽带纹。长 4 厘米，宽 4 厘米。

彩陶片

橙红色陶，为器物口沿残片，在白色陶衣上内外施红彩，口沿内侧绘宽带纹。长 3.5 厘米，宽 3 厘米。

彩陶片

橙红色陶，为器物圈足残片，内外施彩，外侧绘弧线纹。长 3.5 厘米，宽 3 厘米。

彩陶片

橙红色陶，内外施彩，在白色陶衣上施红彩，纹饰为宽带纹和点纹。长 4 厘米，宽 2.5 厘米。

蚝岗石拍

蚝岗遗址共出土 5 件石拍，分别出自第二、第三期文化层，其中仅 T0407一处探方就出土了 3 件石拍，显示该遗址内可能包含着丰富的树皮布文化因素。从不同文化叠压层位出土过石拍，对石拍编年发展探索提供了关键线索。而且，蚝岗石拍的造型风格别具特征，这些重要发现，受到考古学界的格外重视。

蚝岗遗址第一期文化层未见石拍，第二期文化层出土了 1 件残石拍，第三期文化层出土了 4 件石拍。

第二期文化遗存的石拍

第二期文化层出土的石拍为灰褐色细砂岩，两面微弧曲，残长 4.7 厘米，残宽 3.8 厘米，厚 1.7 厘米。该残石拍为单面槽面，一面为素面，另一面残存纵向平行小槽数条，间隔等距，槽宽约 3 毫米。沟槽痕深浅不一，边沿部位沟槽痕明显较浅，甚至若隐若现，很可能是拍打过程中最受力的部分在长期使用过程中磨损的结果。这件石拍是长期使用后，由于折断被弃置的残器。

第二期文化遗存的石拍

第三期文化遗存的石拍

在形制上，第三期文化遗存的石拍可以细分为两大类。

窄身形石拍：石拍的宽在 3 厘米左右。该类型石拍共出土了两件。

第三期文化遗存的石拍（窄身形石拍，编号 T0404 ④:22）

编号为 T0404 ④:22 的石拍，灰褐色细砂岩，残长 5.8 厘米，宽 3.2 厘米，厚 1.1 厘米。沟槽面有 10 条纵向沟槽痕，另一面素面。石拍上下折断，10 条纵向沟槽痕排列等距平直，在沟槽面的中央部分有轻微崩断。沟槽面右侧沿边的沟槽脊崩断较明显，石拍上下均为横向破裂，估计是长期使用折断后被弃置。

第三期文化遗存的石拍（窄身形石拍，编号 T0407 ② A:12）

编号为 T0407 ② A:12 的石拍，黄褐色细砂岩，残长 5.7 厘米，残宽 5.2 厘米，厚 2 厘米。一面沟槽面，另一面素面。上沿呈不对称曲折，顶部圆尖；下沿为折断面，属于横向折断。9 条纵向沟槽痕排列等距平直，沟槽脊崩断现象轻微。估计石拍使用不久后，因横向折断而被弃置。

阔身形石拍：石拍的宽在 5 厘米或以上。该类石拍出土了两件。

第三期文化遗存的石拍（阔身形石拍，编号 T0407 ② A:14）

编号为 T0407 ② A:14 的石拍，橙红色细砂岩，残破严重，残长 5.7 厘米，残宽 5.2 厘米，厚 2 厘米。一面为沟槽面，另一面为素面。石拍上下残缺，均属于横向折断。15 条纵向沟槽痕排列并不等距，沟槽痕锯切亦不规整。左边沟槽面的崩断严重，沟槽脊部分不清晰；右边沟槽痕保存较良好。估计该石拍在经过长期使用后，由于横向折断而被弃置。

第三期文化遗存的石拍（阔身形石拍，编号 T0407 ④:32）

编号为 T0407 ④:32 的石拍，黄褐色细砂岩，残长 5.8 厘米，宽 3.2 厘米，厚 1.1 厘米。一面为沟槽面，另一面素面。沟槽面上边呈等距曲折沿，18 条纵向沟槽痕排列等距平直，沟槽面中央一带可见轻微崩折的现象。左侧边沿沟槽脊崩折较显著，下沿为横向折断。估计该石拍在使用不久后，由于横向折断而被弃置。

蚝岗遗址石拍的特征

蚝岗遗址第二期、第三期文化遗存石拍，均为单沟槽面石拍，背面为素面。

石拍沟槽面遗留的使用痕相当明显，一些沟槽脊有严重折断。石拍使用痕有多种形态，沟槽面上按脊崩折状况，可分为严重、显著与轻微3大类。出土的5件石拍均被折断，除了1件为纵向折断外，其余石拍均为1～2边横向折断。横向折断是这些石拍较常见的现象，反映出石拍在拍打过程中最容易出现的破裂形态。

石拍沟槽面是由片状工具锯切而成，沟槽切割有规整与不规整两种。两者的差异反映出沟槽制作技术的变化。

由于出土的5件石拍均折断严重，石拍原来形状不能复原。窄身与阔身型石拍在第三期文化遗存中共存，可能在功能上有一些差异。此外，石拍边沿呈现对等或不对等曲折沿，是蚝岗石拍的重要特色之一。

第二期文化石拍是环珠江口6000多年前的大湾文化中较常见的圆角方形树皮布加工工具。第三期文化的折沿石拍，在本地区过去很少发现。此外，第三期文化遗存中发现的一些素面圆形石饼，也可能是素面石拍。

石拍发现的意义

20世纪90年代初，人们发现6000多年前的大湾文化不包含纺织布文化，而是以独树一帜的无纺树皮布传统让人瞠目。对环珠江口树皮布石拍系统的认识，迄今只有20多年的历史，起初石拍只是引起了一些岭南地方学者的关注，有些学者认为石拍是制陶工具，有些学者认为石拍是用来搓澡或加工食物的工具，众说纷纭。随着石拍被发现的数量不断增加及研究的发展，更多学者倾向于接受石拍与树皮布制作相关。

石拍是制作树皮布的拍打工具，蚝岗遗址未发现有纺轮，因而推测当时的蚝岗人是以树皮布为服饰原料的。蚝岗遗址上下叠压的文化层中出土了不同时期的石拍，显示了环珠江口地区源远流长的树皮布传统可能有着数千年发展的历史，说明此地区曾存在过相当繁荣的树皮布文化。

著名考古学家石兴邦先生在参加“华南及东南亚地区史前考古国际会议”时指出：“树皮布和丝绸一样，是中国人民对人类文化的一个重要贡献，也是具有世界意义的一大发明。丝绸通过中亚、西亚陆路到达欧洲、非洲。树皮布则是从海路通过中南半岛到东南亚海域向东扩展到太平洋岛屿。”

蚝岗人的衣食住行

蚝岗先民们住在四面环海的小岛上，以采集、捕捞贝类等海洋生物为主要食物，以制作成的树皮布为衣物原料。白天男人们划着独木舟出海捕捞，妇女采集野果；晚上全家人围坐在一起，享受着一天的劳动果实，这样的生活周而复始。他们弃置的蚝壳堆积而成的废墟和无意间留下的生活痕迹为我们探知古代蚝岗人的生活面貌提供了依据，5000 多年过去了，蚝岗先民早已远去，但这些遗迹和遗物还在讲述着他们的故事。

“时尚”的树皮布衣

5000 多年前，蚝岗人就已经告别了赤身裸体、茹毛饮血的年代。由于那时的蚝岗气温

树皮布衣服

这件树皮布衣服是 2001 年 6 月，由云南西双版纳基诺族巴卡小寨资木拉制作，为淡黄色有领无扣短袖上衣。长 58 厘米，宽 74 厘米。

较高，先民们应该不会穿裹厚重的兽皮衣物。那他们穿什么呢？专家们通过遗址出土的石拍和石饼推断，当时蚝岗人的衣物是用树皮加工而成的。这种树皮布衣，绿色环保，凉爽透气，是当时的“时装”。

树皮布是以植物的树皮为原料，经过拍打加工而成。树皮布文化在6000年前的中国就已出现，并一直延续到近代。据研究，楮树是加工树皮布使用最广泛的一种桑科植物，又叫构树。树皮布制作最常用的是木质或石质的拍状工具。由于木质工具不易保存，因此只能根据目前考古发掘所见石拍来推测当时的人们用石拍制作树皮布。

1. 选择较粗大、表面光滑的构树，用刀在树干上下各横划一圈，长度据实际情况所定。从上圈往下圈竖划一道，用石拍均匀敲打树干，松动树皮与树干之间的结构，如此反复敲打，直至剥下整张树皮。

2. 把刚扒下来的树皮压平，阴干后削掉树皮上的疤节，再略做拍打，使表皮与树皮纤维结构松动。

3. 将敲打过的树皮置于水中浸泡，令其发酵，沤去树皮等杂质。泡好的树皮是膨胀的，还含有一些树胶，味道较臭，必须在河水中不断地冲洗，使树胶溶于水中，直到树胶脱干净，剩下白色的树皮纤维。

4. 洗好的树皮纤维含有大量的水分，因此要挂在木杆或架子上晾晒干。然后将树皮纤维放在石板上，用石拍等工具拍打。如果树皮纤维不均匀，还要扯平、弄整齐，去厚补薄，使纤维分布均匀。最后拍打成片状，形成洁白的树皮布。

现代人采用原始工艺制作树皮布场景

“海鲜大餐”

民以食为天。在经济不发达的新石器时代，蚝岗人面朝大海，日出而作，日落而息，在这里安居乐业，繁衍生息。靠山吃山，靠水吃水，蚝岗人早已领悟了这个道理。

由于5000多年前蚝岗是靠近海岸线的一个海岛，岛上大量溪水排向大海，咸淡水交融，产生了大量水产品，特别是蚝，靠水吃水，蚝岗人当年就是以身边这种唾手可得的“海鲜”为食。从遗址的发掘情况来看，当年的蚝比现在的蚝要大，只只都有碗口那么大。此外，遗址中的蚝壳中还夹杂着海龟类的骨壳，说明这两种东西可能是蚝岗人的最爱。当然，蚝岗人也吃块茎类植物及其种子，有时也通过打猎或饲养得到其他肉类。时光荏苒，生蚝里柔软的生命痕迹消失了，剩下的只是坚硬的外壳，散落在蚝岗的土层中。同时，遗址还出土了大量的尖状石器，应该是蚝岗人用来开蚝的工

蚝岗遗址的尖状石器

蚝岗遗址的蚝壳堆积

蚝岗人开蚝场景还原图

傍晚时分，结束了一天的辛苦劳作，丈夫手持尖状石器正在开蚝，妻子在生火烧水，准备煮生蚝，孩子围在妈妈身边嬉闹，一家人享受着天伦之乐。远处，有人还在海水中捕捞生蚝。

海岛“别墅”

蚝岗遗址发现了房屋、灰坑、柱洞、排水沟、红烧土活动面等人类生活遗迹，证明5000多年前，蚝岗人曾在此过着定居生活。

蚝岗人建造房屋时，先画两条间距七八米的平行线，沿着线挖好墙角，用黄泥和着贝壳、芦苇等物做基础，选取1.5米左右高的树干，将树干一端插向墙角，另一端向上与对面倾斜的树干交叉扎好，再用芦苇和着稀泥涂抹作墙壁；挖好排水沟，将房屋周围的地夯实，用火将土烧过，使之变硬变滑，利于清洁。这样，一间间呈等边三角形的“别墅”就矗立在海边了。

蚝岗遗址房子遗迹

蚝岗房屋复原图

可以想象，清晨，太阳从海面升起，蚝岗人走出“别墅”，面对着大海，伸个懒腰，多么惬意；夜晚，滔滔海水伴着他们入眠。蚝岗先民们每天吃着“海鲜大餐”，住着海岛“别墅”，吹着温暖的海风，看那潮起潮落。蚝岗人在这里生活得是那样的安逸，井然有序，怡然自得。

独木舟

从蚝岗的出土情况来看，有些石器是用海边冲刷的卵石制作的，有些却是本地没有的石种；陶器中许多是自己制作的，也有一些风格不同的陶器，可能是交换得来的；还有一些用兽骨制作的器具，应该也是交换得来的。由此看来，当时的蚝岗人有对外交往活动，而蚝岗当时还是个海岛，人们对外交往，以及出海捕捞靠什么交通工具呢？

勤劳智慧、擅于创新的蚝岗人自有解决之道，他们学会了制作和使用独木舟。他们用石斧、石锛将大树伐下，先用火烧树干的中间部分，然后用石斧将烧过的部分劈出空间作船舱。蚝岗遗址出土了10多把石斧和石锛，可见当时蚝岗“造船业”的兴盛。

制作独木舟场景还原图

快乐的一天

我们可以试想一下5000多年前蚝岗人快乐的一天。

夕阳西下，海水慢慢退去，孩子们在沙滩上欢呼雀跃，追逐着浪花。

迎着孩子，一个健壮的身影缓缓朝岸边走来。他抬起头，典型蒙古人种南亚型的脸形渐渐清晰，黝黑的皮肤，低低的眼眶，高高的颧骨，扁平的鼻子，树皮布制作成的衣服裹住了他那结实的身体。今天的收获满满，他的眼里充满了喜悦。他把目光投向远方，看见村落升起的袅袅炊烟，加快了回家的步伐。

回到家里，劳累了一天的家人坐在一起，男人砸开蚝壳，挖出里面的蚝肉，放进身边的陶器里，女人煮着美味，孩子们在篝火旁嬉戏打闹着。

屋外，繁星满天，海浪拍打着沙滩，在迎接着新的一天。

第四章

走向明天

蚝岗遗址面积虽然不大，但其价值重要。东莞蚝岗遗址博物馆采取发掘现场复原和展览相结合的方式，展示蚝岗遗址文化内涵和三江流域彩陶文化，并且积极开展各类活动，定期举办历史考古知识讲座，充分显示了文化遗产保护的魅力，成为史前遗址保护与利用的典范。

风雨彩虹

经过为期 4 年多的考古发掘、筹划与建设，一座独具特色的博物馆——东莞蚝岗遗址博物馆屹立在东莞的城市中心区。它是一部活着的历史，记录着蚝岗人的勤劳、淳朴和聪明才智，是东莞市打造博物馆之城的一个丰硕成果，也是文物保护与利用的一个成功典范。

博物馆简介

东莞蚝岗遗址博物馆是保护、研究和展示新石器时代蚝岗贝丘遗址和珠江、长江、黄河三江流域彩陶文化的遗址性专题博物馆，清晰再现了东莞 5000 多年的历史文脉。

东莞蚝岗遗址博物馆外观

“蚝门”

东莞蚝岗遗址博物馆入口处是用蚝壳砌成的方柱形空心门，坚硬之气油然而生。门的下方是用鹅卵石铺底的弧形水洼，壁上仍是层层叠叠的蚝壳。水清澈见底，没入其中的蚝壳已略带绿色。这个门被形象地称为“蚝门”。

东莞蚝岗遗址博物馆于 2007 年 6 月建成并免费向公众开放。它是广东省第一座建于原址之上的贝丘遗址博物馆，占地面积 4645 平方米，建筑面积 2400 平方米。

东莞蚝岗遗址博物馆由中国工程院院士、岭南建筑设计大师莫伯治设计，国学大师饶宗颐题写馆名。建筑外观以蚝为设计理念，以红、白两色为主调，红色代表岭南的红砂岩，白色则象征了蚝壳。整个建筑清新明丽，体量不同、颜色相衬的建筑体块交互掩映，简洁而富有动势，准确地传达了蚝岗遗址的历史信息。博物馆共分为展馆、办公楼和园林景观 3 部分，其中展馆共分 3 层，由时光隧道、遗址展厅、衣食住行展厅、三江流域彩陶文化展厅、临时展厅、互动展厅和陶艺体验室组成。

博物馆将考古发掘现场与出土文物、图片和场景复原等展示手段相结合，真实生动地再现了 5000 多年前蚝岗人的衣食住行等生活情景和遗址发掘过程，将远古人类的遗址变成传播文明的殿堂，充分显示了文化遗产保护的魅力。同时，汇聚了珠江、长江和黄河 3 大流域的彩陶，集中展现了中国多姿多彩的彩陶文化。

展览荟萃

展厅藏品展览

遗址展厅

展示了5000多年前的蚝壳堆积层。蚝岗遗址的现存面积约600平方米，其中彻底清理的有72平方米，发现了许多当时人们在此生活留下的痕迹，其中包括2座墓葬以及房址、灰坑、排水沟、柱洞。蚝岗遗址的面积虽然不大，但文化内涵极为丰富，对研究东莞的远古历史具有重要意义，被誉为"珠三角第一村"和"东莞的历史文化基石"。

衣食住行展厅

展厅主要结合出土文物，从与蚝岗人生活最为密切的衣食住行进行介绍。展厅内设有模拟古代蚝岗人生活的场景复原雕塑，是沿海地区史前人类生活劳作场面的一个缩影，包

遗址展厅

衣食住行展厅

括制作独木舟、制作树皮布、开蚝等，场景中人物使用的工具，都是依据遗址出土的器物仿制的。

三江流域展厅

三江流域是指珠江流域、长江流域和黄河流域，整个展厅以蓝色背景突出珠江流域，用绿色装饰长江流域，用黄色突出黄河的本色，由这 3 种色彩组成的展板上展示了有着各具特色而又相互影响的彩陶文化。新石器时代，珠江、长江、黄河三江流域的彩陶绚丽多姿，异彩纷呈，或秀美，或粗犷，或繁丽，或明快，或柔和，或刚健，其艺术特点主要体现在高度概括与提炼、彩绘与造型完美结合等方面。在中华民族形成的长期过程中，各文化类型的彩陶相互影响、融合、发展，既有共同的艺术特点，亦有各自独特的魅力。中国出土的数以万计的彩陶，如同浪漫的山花，使悠久的中国文化显得更加灿烂。蚝岗遗址出土的彩陶是环珠江口地区彩陶文化遗存的重要组成部分。珠江流域的彩陶与长江、黄河流域的彩陶一起形成了中国绚丽缤纷的彩陶文化。

三江流域展厅

临时展厅

临时展览

蚝岗遗址博物馆积极引进国内各博物馆的临时展览，充分发挥博物馆的展示教育功能。一方面丰富馆内展览的形式和内容，另一方面拓宽广大观众的视野，增加其获取新知识的渠道。展览内容包括历史文化、自然生态保护、历史人物等。

发展历程

1982年，广东省文物普查时发现蚝岗有大量蚝壳堆积，初步认定这里是一处新石器时代贝丘遗址。

1990年11月，广东省文物考古研究所和东莞市博物馆联合对蚝岗遗址进行调查，确认其为一处新石器时代贝丘遗址。

2003年4～7月，广东省文物考古研究所和东莞市博物馆联合组成东莞南城蚝岗遗址发掘队，对遗址进行科学的考古钻探和发掘。

2004年1月8日，蚝岗贝丘遗址被东莞市人民政府公布为东莞市第八批文物保护单位。

2004年5月9日，东莞市人民政府公布蚝岗贝丘遗址的保护范围和建设控制地带。

2007年6月28日，东莞蚝岗遗址博物馆建成并对外开放。

2008年11月18日，蚝岗贝丘遗址被广东省人民政府公布为第五批广东省文物保护单位。

2013年3月，蚝岗贝丘遗址被国务院公布为第七批全国重点文物保护单位。

宣教活动

东莞蚝岗遗址博物馆自建馆以来，一直以传播科学文化知识和文物保护理念为宗旨，专门开辟了以学生教育活动为主旨的考古互动展厅和陶艺体验室，不仅增强了博物馆的科普性和趣味性，使博物馆成为广大中小学学生的第二课堂，而且结合自身特色举办主题活动，充分利用考古互动展厅和陶艺体验室，打造出模拟考古、陶艺体验两大活动品牌。

模拟考古

考古互动展厅约100平方米，内设模拟考古探方、趣味问答仪器、拍照仪器等多媒体设备。以中小学学生为主要对象，让参加者使用考古发掘工具在沙堆中寻找仿制陶器散落的残片，再将搜集到的全部残片拼接成完整的仿制陶器。通过上述活动，让广大中小学学生体验到考古发掘的乐趣，同时也让他们深刻感受考古工作者艰辛的考古工作。

考古互动展厅

小学生参与“小小考古学家探宝”活动

陶艺体验

2009 年，为了丰富博物馆的陈列，进一步提升与观众的互动，同时也为了加深观众尤其是中小学学生对中国陶器的认知，东莞蚝岗遗址博物馆开设了陶艺体验室，面积约 70 平方米，配备了专门的电动拉坯机和手动转盘等制陶工具，让学生们亲自动手体验制陶的乐趣，加深他们对陶器和彩陶文化的了解。

此外，还举办了多场“小小陶艺工匠”活动。“小小陶艺工匠”是通过展示实体陶器文物，让参与者模仿实体陶器文物制造自己喜爱的仿陶器。通过上述活动，让广大中小学学生体验制造陶器的乐趣，同时也让他们深刻感受古人类制造陶器的工艺水平。

陶艺体验活动极大地调动了中小学学生的兴趣，已有许多学生参与了此项目，达到了很好的效果。

陶艺体验活动

科普教育

2014 年 3 月 4 日，东莞市科学技术协会将东莞蚝岗遗址博物馆正式评为东莞市科普教育基地。

东莞蚝岗遗址博物馆自建成开放以来，便以打造科普教育基地为发展目标，充分利用自身优势，积极开展了一系列科普教育活动。开展科普教育的关键在于让观众“勤于动手”，在于从实践中体验发展。活动课程中蕴含有丰富的科普教育内容，多形式、多渠道地开展

“一扇一世界”活动

科普活动。除了馆内展览及学生体验活动外，还在多功能会议室运用电脑、投影仪等设备，针对不同观众群体，定期邀请专家进行文物、博物、历史方面的科普知识讲座，免费向广大市民传播文化知识等。蚝岗遗址博物馆先后被评为“东莞市爱国主义教育基地”“东莞市历史人文传承基地”“东莞市博物馆与旅游共建单位”“东莞市科普教育基地”等。

举办知识讲座

科普宣传栏

描绘彩陶文物

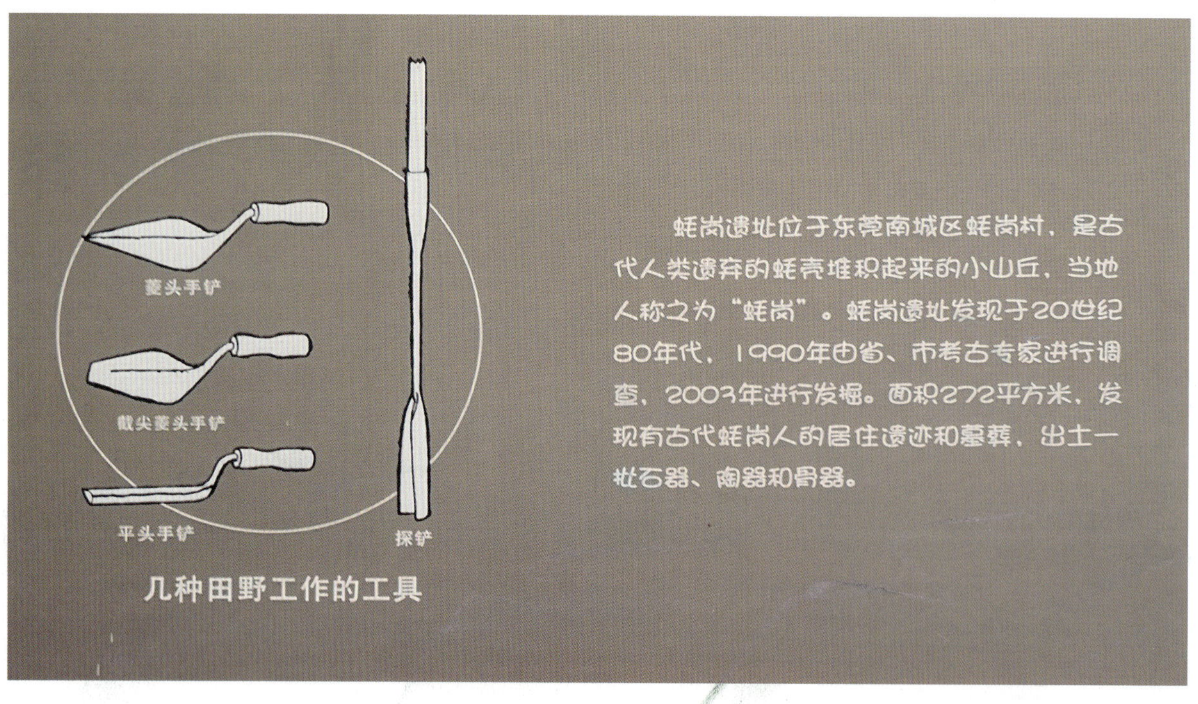

蚝岗遗址探方发掘体验展板